大学英语教学与课程建设研究

刘 婷 刘增福 张翠玲◎著

中国商务出版社
·北京·

图书在版编目（CIP）数据

大学英语教学与课程建设研究 / 刘婷，刘增福，张翠玲著. -- 北京：中国商务出版社，2023.8
ISBN 978-7-5103-4809-9

Ⅰ.①大… Ⅱ.①刘… ②刘… ③张… Ⅲ.①英语－课程建设－教学研究－高等学校 Ⅳ.①H319.3

中国国家版本馆 CIP 数据核字(2023)第 165787 号

大学英语教学与课程建设研究
DAXUE YINGYU JIAOXUE YU KECHENG JIANSHE YANJIU

刘婷　刘增福　张翠玲　著

出　　版：	中国商务出版社		
地　　址：	北京市东城区安外东后巷28号	邮　编：	100710
责任部门：	外语事业部（010-64283818）		
责任编辑：	李自满		
直销客服：	010-64283818		
总 发 行：	中国商务出版社发行部　（010-64208388　64515150）		
网购零售：	中国商务出版社淘宝店　（010-64286917）		
网　　址：	http://www.cctpress.com		
网　　店：	https://shop595663922.taobao.com		
邮　　箱：	347675974@qq.com		
印　　刷：	北京四海锦诚印刷技术有限公司		
开　　本：	787毫米×1092毫米　1/16		
印　　张：	10.75	字　数：	221千字
版　　次：	2024年4月第1版	印　次：	2024年4月第1次印刷
书　　号：	ISBN 978-7-5103-4809-9		
定　　价：	62.00元		

凡所购本版图书如有印装质量问题，请与本社印制部联系（电话：010-64248236）

CCTP　版权所有　盗版必究　（盗版侵权举报可发邮件到本社邮箱：cctp@cctpress.com）

前 言

当今世界,科学技术突飞猛进,知识经济不断涌现,综合国力的竞争日趋激烈。改革开放以来,中国经济腾飞,人民生活水平显著提高,综合国力不断增强。在 21 世纪,英语不仅仅是人们交流的工具,也是提高国际竞争力的一种手段。在国际交往中,英语被广泛使用,已成为一种世界上相对通用的语言。在经济全球化不断加剧的时代环境下,社会对于人才的需求也发生了很大的改变,大学英语教学也在该时代背景下发生了变化。同时,随着"科教兴国""人才强国"等战略的颁布,大学英语教学的改革开始有据可依。从目前社会对于人才的需求出发,大学英语教学水平必须得到提升。作为教育机构最基础的工作职责,各大高校开始针对性地研究提升大学英语教学水平的方法,其目的是在英语教学方面满足学生的基本学习需求。大学英语教师必须依托学生的学习特点与认知规律,灵活利用现有的丰富的教育资源,借助不断涌现的各种教学方法,调整好教学环节和步骤,发现英语教学中的不足并循序渐进地改进。

课程是按一定的教育目的,师生相互作用获得有益身心发展的全部教育内容。大学英语课程是专门为非英语专业学生开设的英语课。大学英语是以英语教学理论为指导,以英语语言知识与跨文化交际为主要内容,集多种教学模式手段为一体的教学体系。其教学目标是使学生在今后学习与社交中能用英语进行交际,提高综合文化素质。

本书是关于大学英语教学和课程建设方面研究的著作,本书从大学英语教学的基础理论和改革发展的背景出发,论述了大学英语的教学方法和教学模式在研究理论知识的基础上,展开对信息时代下的大学英语实践研究,对互联网、线上线下、慕课等新技术下的大学英语教学实践进行了分析。同时,探讨大学英语课程体系建设,对学分制和选修课的课程设置进行了分析,并对大学课程资源的建设进行了重点讨论,最后对高校英语课程体系建设的发展给出了方向,本书可为高校英语教学研究的相关人员提供参考。

作者在写作过程中,借鉴了许多专家和学者的研究成果,在此表示衷心的感谢。本书研究的课题涉及的内容十分宽泛,尽管作者在写作过程中力求完美,但仍难免存在疏漏,恳请各位专家批评指正。

目 录

第一章　大学英语教学综述 ··· 1
第一节　大学英语教学的理论 ··· 1
第二节　大学英语教学的因素 ··· 8
第三节　大学英语教学改革的必要性与改革方向 ························ 16
第四节　大学英语教学的发展趋势 ·· 20

第二章　大学英语的教学方法 ·· 27
第一节　交际教学法与直接法 ·· 27
第二节　语法翻译法与情境教学法 ·· 32
第三节　听说法与认知法 ·· 40
第四节　全身反应法与任务教学法 ·· 45

第三章　大学英语教学模式的建设与创新 ································· 52
第一节　大学英语教学模式的多视角阐释 ································· 52
第二节　大学英语教学模式改革 ··· 59
第三节　大学英语教学模式与课程建设 ···································· 62
第四节　大学英语教学模式的创新 ·· 76

第四章　信息时代下的大学英语实践 ······································· 80
第一节　互联网时代下的大学英语教学改革 ····························· 80
第二节　基于网络的大学英语教学改革研究与实践 ···················· 86
第三节　线上线下融合式的大学英语教学实践 ·························· 93

第四节　基于微信平台的大学英语教学设计及实践 …… 98
第五节　慕课环境下大学英语混合式教学研究与实践 …… 103

第五章　大学英语教学课程建设的路径 …… 108

第一节　大学英语课程设置的改革与需求分析 …… 108
第二节　大学英语选修课程的设置与管理 …… 113
第三节　大学英语立体课程体系建设 …… 120
第四节　大学英语课程资源建设 …… 123

第六章　高校英语课程体系建设的发展 …… 135

第一节　大学英语口语课程建设 …… 135
第二节　大学英语教材建设 …… 141
第三节　教师团队建设 …… 148
第四节　大数据时代下教师的自身发展 …… 159

参考文献 …… 165

第一章
大学英语教学综述

第一节 大学英语教学的理论

一、语言本质理论

(一) 语言功能理论

韩礼德（M. A. K. Halliday）是世界两大主要语言学派之一的系统功能语言学的创始人。他认为，语言是在完成其功能中不断演变的，语言的社会功能一定会影响到语言本身的特性。因此，只有通过对语言使用的研究，语言的全部功能和构成意义的所有组成部分才能集中在一起。在《语言结构和语言功能》与《语言功能的探索》中，韩礼德将语言的功能分为微观功能、宏观功能和纯理功能三种功能。

1. 微观功能

微观功能是儿童在学习母语的初级阶段出现的，共有以下七种：

（1）个人功能

个人功能指儿童可以通过语言来表达自己的感情或意义。

（2）想象功能

想象功能指儿童可以通过语言来创造一个幻想的世界。

（3）规章功能

规章功能指儿童可以通过语言来控制他人的行为。

（4）启发功能

启发功能指儿童可以通过语言来认识周围的世界，学习和发现问题。

(5) 工具功能

工具功能指儿童可以通过语言来取物。

(6) 相互关系功能

相互关系功能指儿童可以通过语言与他人交往。

(7) 信息功能

信息功能指18个月大的儿童可以通过语言向别人传递信息。信息功能是在儿童成长后期掌握的。

需要指出的是，在儿童语言中，一句话只有一种功能而不会出现多种功能。随着儿童语言逐渐向成人语言靠拢，功能范围逐渐缩减，这些微观功能就让位于宏观功能。

2. 宏观功能

同微观功能相比，宏观功能含义丰富而抽象。韩礼德认为宏观功能可分为以下两种：

(1) 理性功能

理性功能指的是儿童把语言用作观察事物和学习知识的一种途径。这个功能由早期儿童语言的个人功能、启发功能等微观功能演变而来。

(2) 实用功能

实用功能指的是儿童把语言用作做事的手段。实用功能产生于早期儿童语言的工具功能、控制功能等微观功能。

3. 纯理功能

语言的本质与我们对它的要求和它所应完成的功能有紧密的联系，所有的文化都会在语言中反映出这些功能。可以把它归纳为若干有限的抽象功能，这就是"纯理功能"或称"元功能"。这是各种语言所固有的功能，它们是高度概括的概念，在语言中难以找到相应的形式项。纯理功能包括以下三个方面：

(1) 人际功能

人际功能指语言可以用来说明讲话者的一系列信息，例如讲话者的说话态度、说话动机等。在交际过程中，讲话者根据个人主观因素，来改变自己的态度与立场。但无论如何改变，交际的基本任务只有两个，给予和求取。给予就是向他人传递信息，求取就是索要自己想要得到的。

(2) 概念功能

概念功能就是人们在现实世界中的经历与经验，其中包含了各种不一样的因素，例如参与者、时间、地点等。概念功能是为了传递信息，与听话者交流其所不知道的内容。换言之，语言是用来组织使用者对现实世界和抽象世界经验的一种方式。语言代表着动作、事件、人和物等。概念功能主要由及物性、归一性和语态得到体现。

(3) 语篇功能

语篇功能是指将语言根据不同的意义划分来组成语篇的功能。

语篇功能涉及主位和述位，主位是信息的起点，主位结构由主位和述位构成。主位分为单项主位、句项主位和复项主位。单项主位指的是那些只包括概念功能的主位。句项主位通常只包含概念成分，因而本质也是单项主位。复项主位是由多种语义成分构成的主位。

在如何看待语言本质的问题上，韩礼德对语言功能的论述为我们提供了一个全新的视角，推进了语言学界对语言的理解。后来的交际法教学流派（又称"功能——意念教学流派"）就是以韩礼德的语言功能理论为基础建立起来的。

（二）交际能力理论

说话人、听话人的语言知识就是"能力"，而具体情景中语言的实际使用即为"表现"。许多学者都对"能力"提出了自己的看法，其中最具代表性的是美国社会语言学家戴尔·海姆斯（Dell Hymes）提出的"交际能力"的概念。

海姆斯从语言的社会交际功能出发，探讨语言使用者和语言使用的理论。在海姆斯看来，乔姆斯基"能力"概念的不足之处在于没有系统考虑人们在社交中对语言的恰当运用。为此，海姆斯提出了"交际能力"的概念以示区别。海姆斯认为，一个人的交际能力是一个综合的概念，除语法知识和语言能力外，还包括心理、社会文化和使用概率等方面。换句话说，如果一个人能获得交际能力，那他就应该知道怎样进行社会交际，对什么人、在什么场合和什么时间、用什么方式讲些什么话和不讲什么话，因此，交际能力应包括以下四个方面的内容：

(1) 能识辨、组织合乎语法的句子，即懂得形式上的可能性。

(2) 能判断语言形式的可行性。

(3) 能在交际中得体地使用语言。有些话虽然语法上是可能的，实施上也是可行的，但在语境上却不得体。

(4) 知道某些话语实际上是否可以说出来。有些话语形式上是可能的，也是可行的和得体的，但在现实生活中，却没有人会那样说。

海姆斯交际能力的理论在语言学界和应用语言学界影响巨大，它直接影响到外语教学目标的制定。

(三) 言语行为理论

20世纪50年代，牛津大学哲学家约翰·郎肖·奥斯汀（John Langshaw Austin）创立了言语行为理论。后来，美国哲学家约翰·塞尔（J. R. Searle）对奥斯汀的理论进行了改良，使之发展为一种解释人类语言交际的理论。

言语行为理论对语言教学起到了积极的促进作用，为意念大纲（Notional Syllabuses）的产生提供了理论基础。在语言教学与大纲设计中，言语行为被称为"功能"或"语言功能"。

1. 奥斯汀的言语行为理论

奥斯汀将话语分为表述句和施为句两大类别。在此基础上，他还提出了言语行为三分说。

（1）表述句与施为句

表述句是用来描写、报道或陈述某一客观存在的事态或事实的句子。表述句可以验证，并且具有真假值。表述句与施为句的最大区别在于表述句以言指事、以言叙事，而施为句以言行事，以言施事。

（2）言语行为三分说

奥斯汀发现了表述句与施为句两分法的不足之处并修正了自己的观点，提出了更为成熟的言语行为三分说。他将言语行为分为以下三个层次：

①以言指事行为，即移动发音器官，发出话语，并按规则将它们排列成词、句子。它是通常意义上的行为。

②以言行事行为，即通过说话来实施一种行为或做事。它是表明说话人意图的行为，我们可以将以言行事的行为简称为"语力"。奥斯汀将以言行事行为分为评价行为类、施权行为类、承诺行为类、论理行为类、表态行为类五个类别。

③以言成事行为，即以言取效行为。它指说话带来的后果。需要说明的是，以言成事行为或以言取效行为只是用来指一句话导致的结果，不论结果如何都跟说话人的意图无关。

2. 塞尔的言语行为理论

塞尔的主要贡献是改进了奥斯汀对以言行事行为的分类，并提出了间接言语行为理论。

（1）塞尔对以言行事行为的重新分类

塞尔将以言行事行为分为以下五类：

①承诺类：表示说话人对未来的行为做出不同程度的承诺。
②表达类：表达说话人的某种心理状态。
③断言类：表示说话人对某事做出真假判断或一定程度的表态。
④宣告类：表示说话人所表达的命题内容与客观现实之间的一致。
⑤指令类：表示说话人不同程度地指使或命令听话人去做某事。
塞尔的重新分类具有很强的科学性，直到今天仍在使用。

（2）间接言语行为理论

所谓间接言语行为就是通过实施另一行为而间接得以实施的言语行为。

塞尔进一步将间接言语行为分为规约性间接言语行为和非规约性间接言语行为两个类别。规约性间接言语行为通常出于对听话人的礼貌，且根据话语的句法形式可立即推断出其语用用意。而非规约性间接言语行为往往比较复杂，需要更多地依靠交际双方共知的语言信息与所处的语境来进行推断。

二、语言学习理论

（一）行为主义学习理论

行为主义学习理论来源于俄国生理学家伊万·巴甫洛夫（Ivan Petrovich Pavlov）的"条件反射"概念。"条件反射"指在特定的条件下，通过重复性的反射作用使动物的某种习惯得到强化，并逐步地固定下来。受这一概念所揭示的生理机制的启发，人们开始分别从实验及理论两个方面探讨儿童学习语言的过程。研究发现，儿童学习语言的过程也是一个不间断的"刺激—反应"的过程，即儿童是在不断地与各种事物的"刺激—反应"的过程中逐步掌握自己的母语的。

20世纪初，美国心理学家约翰·布鲁德斯.华生（John Broadus Watson）创立了行为主义学习理论。华生主张用客观的方法研究可以直接观察到的行为。在华生看来，动物和人的一切复杂行为都是在环境的影响下由学习而获得的，且都存在一个共同因素，即刺激和反应。由此，他提出了"刺激—反应"这一著名的行为主义心理学公式。

美国学者博尔赫斯·斯金纳（Burrhus Frederic Skinner）继承和发展了华生的理论，并发表了《言语行为》一书，提出了行为主义关于言语行为系统的看法。

在斯金纳看来，人们的言语、言语的每一部分都是由于某种刺激的存在而产生的，刺激既包括言语的刺激，也包括外部的刺激或是内部的刺激。反复刺激所产生的强化效果可以使我们学会使用与其语言社区相适应的语言形式。因此，"重复"在学习过程中也有不容忽视的作用。

行为主义学习理论在美国占据主导地位长达半个世纪之久，在现行的教育机制中仍然发挥着重要作用。例如，学生可能为了避免某种惩罚而停止某种行为，也可能因为受到表扬而继续某种行为。因此，教师可以通过某种干预来改变学生的行为，帮助学生学习知识，发展技能。另外，使学习者有间断性地接触语言素材也客观地体现了行为主义学习理论。

（二）心灵主义学习理论

1. 艾弗拉姆·诺姆·乔姆斯基的普遍语法假设

艾弗拉姆·诺姆·乔姆斯基（Avram Noam Chomsky）是心灵主义心得理论的代表人物之一。在乔姆斯基看来，儿童在学习母语的过程中所接触到的语言输入是有限的，儿童不可能根据这些数量有限的句子通过归纳、推理、概括而获得母语使用能力，即行为主义学习理论无法回答儿童怎样获得母语能力的问题。为此，他提出了普遍语法假设。

乔姆斯基认为，人类有一个与生俱来植于大脑里的所谓语言习得机制或普遍语法。语言输入进入人脑就创立了一种语言知识，这种语言知识包括"原则""参数"和"词汇"。外语环境和语言输入只有"激活"语言习得机制的作用。

乔姆斯基的这种假设至今未能通过解剖的方法加以证实，学者们对此也是褒贬不一。尽管如此，对乔姆斯基的普遍语法理论进行深入的探讨会有助于揭示语言习得的奥秘，至少从普遍语法的角度去研究语习得会给我们一个新的视角。

2. 斯蒂芬·克拉申的监察模式

美国语言学家斯蒂芬·克拉申（Stephen D. Krashen）提出了旨在解释第二语言（或外语）是如何习得的外语教学理论，即"监察模式"。该理论包括以下五个部分：

（1）习得-学习假设

在克拉申看来，习得与学习是培养外语能力的两种途径。"习得"是学习者在无意识的状态下掌握语言能力的过程，是一种类似于小孩子学习母语的过程。"学习"则是学习者通过课堂学习等方式有意识地掌握语言语法规则的过程。

语言学习只能监控和修正语言，却不能发展交际能力，外语应该通过习得来获取。另外，习得能够发展交际能力。

（2）自然顺序假设

克拉申认为，一种语言的语法规则或结构是按一定的、可以预知的顺序习得的，这种情况也适用于第二语言（外语）的学习。在将英语作为第二语言学习时，对进行时的掌握一般都早于对过去时的掌握，对名词复数的掌握早于对名词所有格的掌握。

（3）输入假设

在克拉申看来，理想的输入应具备以下四个特点：

第一，足够的输入（i+1）。"i+1"是克拉申提出的著名公式。其中，"i"代表习得者现有的水平，"+1"表示语言材料难度应略高于习得者目前的语言水平。这意味着，只要习得者能理解输入的材料，且达到一定的量，就意味着已经自动有了这种输入。

第二，可理解性。输入的语言必须可以理解，不可理解的输入对学习者不仅无用，而且还会损害学生学习的积极性。可理解性的语言输入是语言习得的必要条件。

第三，既有趣，又有关联。趣味性与关联性可以增强语言习得的效果。

第四，非语法程序安排。在语言习得的过程中不必按语法程序安排教学活动，重要的是要有足够的可理解的输入。

按照克拉申的外语教学理论，外语教学时应尽量向学生提供可理解的语言输入，教师应使用一切手段来增加语言输入的可理解性。

（4）监察假设

克拉申认为，有意识地习得（知识或规则）只能起到监察的作用。这种监察作用可以发生在写或说之前或之后。

需要指出的是，习得的监察作用必须具备以下三种条件才能发挥作用：有足够的时间，知道规则，注意语言形式。此外，这种监察作用在不同的语言交际活动（如口头表达与书面表达）中会导致不同的交际效果。

（5）情感过滤假设（The Affective Filter Hypothesis）

"情感"指学习者的动机、需求、信心、忧虑程度以及情感状态。这些情感因素会对语言的输入起到促进或阻碍的作用，因而又被视为可调节的过滤器。

根据情感过滤假设，外语学习者的积极情感态度有助于更多地输入目的语，而消极情感态度则会过滤掉很多的目的语。因此，教师应避免施加压力给学生，要努力创造一个轻松愉快、自由自在的学习气氛。

（三）认知主义学习理论

20世纪前半个世纪，行为主义学习理论占主导地位。但是，行为主义把人的所有思维都看作是由"刺激—反应"间的联结形成的，没有考虑人的意识问题，越来越多的学者对行为主义产生不满。在这种情况下，认知主义学习理论得以发展起来。认知主义强调学习是通过对情境的领悟或认知而形成认知结构来实现的，主张研究学习的内部条件和内部过程。

第二节 大学英语教学的因素

在我国的大学英语教学中，教学因素包括教育政策、教学环境、教学媒体、教学内容、教学方法、教师以及学生。教学包括"教师教"与"学生学"两个部分，教学活动就是教师采取一定的方法来帮助学生掌握知识、提高能力的过程。在这个过程中，教师对学生的了解、分析与定位是整个教学活动顺利进行的基础。下面就围绕大学英语教学中最重要的两个因素——学生与教师进行探讨。

一、学生

（一）学生的角色

在大学英语教学的过程中，学生扮演着以下四种角色：

1. 主人

经过教师的有效指导，学生不仅学到了英语知识，培养了英语交际能力，而且在学习过程中通过对知识的探索、发现、吸收和内化等实践培养出独立自主的学习能力，并形成科学的世界观、人生观和价值观。因此，学生是英语教学的主人。

2. 参与者

作为英语教学的主人，学生应积极主动地参与到各项活动中去，积极思考、勤于表达，在活动中充分展示自己的才能，提高自己的沟通、理解、协调能力。

3. 合作者

课堂教学活动的开展离不开教师与学生、学生与学生之间的相互配合。因此，学生应与其他成员积极合作，并在合作过程中互相学习、互相帮助、彼此促进、共同提高。

4. 反馈者

在英语教学中，学生对教学的反馈是教师教学的重要依据，可以帮助教师及时纠正和调整教学思路与措施。因此，学生应与教师及时、真诚地交流自己的学习感受，就教学法的实用性向教师提出建议或意见，以此促进英语教学。

（二）学生的个体差异

教育的根本目的在于培养人，教师必须根据学生的个体差异选择适合的教学材料和方法，制订教学计划。因此，教师掌握学生生理、心理发展的规律和个体差异具有重要的教学实践意义。

1. 智力差异

智力即认识方面的能力，它是高度的观察力、注意力、记忆力、抽象逻辑思维能力和想象力的总和，也是进行抽象思维、解决问题和学习的能力。

许多学者都对智力进行过不同分类，目前被广泛认可的分类是霍华德·加德纳的多元智力理论，这种理论能够很好地适应不同文化背景的学生的需要。加德纳认为，"智力"是指特定文化背景下的一种解决问题或制作产品的能力。人类智力包括以下八种类型：

（1）逻辑—数学智力：敏感的辨别能力，逻辑或数字的思维方式，进行连锁推理的能力。

（2）自我认识智力：能对自己的感觉进行把握和辨别的能力，以及利用自己的感觉指导行为，了解自己的长处、弱点、需要和智力的能力。

（3）身体运动智力：对身体运动的控制能力以及熟练的器械操作能力。

（4）自然智力：对自然物种的敏感性，能够进行精细的感觉辨别。

（5）空间智力：对视觉空间精确的感知能力，并能够对最初的感知进行修正。

（6）交际智力：辨别他人的脾气、心情、动机和需要的能力以及做出恰当反应的能力。

（7）音乐智力：对节奏、音调和音质的创造能力和欣赏能力，对音乐表达方式的欣赏能力。

（8）语言智力：对声音、节奏和词义的敏感性，对语言不同功能的敏感性。

智力水平与英语学习存在一定的关系，能够很好地预示一个语言学习者能取得何等程度的成功。在英语学习过程中，智力对词汇学习、语法学习、阅读学习、写作学习影响较大，对听力学习和口语学习的影响要小得多。因此，大学英语教师要注意学生在智力因素上的差别，避免教学过程中的千篇一律，要为不同的学生分配不同的学习任务，提出不同的学习要求。同时，教师不能用智力差别的标准去衡量学生的口语能力，对学生的口语要求应尽量统一。

2. 认知风格差异

认知风格又称"认知方式"，指个体在认知过程中所表现出来的习惯化的行为模式。

具体来说，就是在进行接受、储存、转化、提取和使用等信息加工过程中所表现出来的认知组织和认知功能方面持久一贯的风格。

不同的学习个体具有不同的认知风格。不同认知风格有着各自的优势与劣势，但认知风格与学习者的成绩并没有必然联系。认知风格对教学活动的影响主要表现在以下两个方面：

（1）认知风格会影响学习策略和教学策略的选择。

（2）当学生的认知风格与教师的教学风格、学习环境中的其他因素相吻合时，学生的学习成绩会更好。

因此，为了有效开展教学活动，一方面，教师应充分了解并尊重学生不同的认知类型；另一方面，教师应将自己的教学特点与学生的认知特点有机结合，针对不同的学习任务、学习环境因材施教，妥善引导，以达到良好的教学效果。

3. 语言潜能差异

语言潜能是一种固定的天资，指学习外语的能力倾向或学习外语所需的认知素质。语言潜能可以通过学生的认知素质预测其学习外语的潜在能力。

外语学习的能力主要包括四个方面：归纳性语言学习能力；联想记忆能力；语法敏感性；语音编码解码能力。

（1）归纳性语言学习能力是有关语言材料的组织和操作。

（2）联想记忆能力是关于新材料的吸收和同化。

（3）语法敏感性是从语言材料中推断语言规则的能力。

（4）语音编码解码能力是关于输入处理的能力。

学生在语言潜能上存在着明显的个体差异。因此，教师应努力了解学生的语言潜能，使学生针对不同的学习任务在不同场合发挥各自的长处，以获得事半功倍的效果。

4. 情感差异

（1）态度

态度是人们在自身道德观和价值观基础上对人或事物的评价和行为倾向。可将态度分为以下三种类型：

①认知成分。认知成分指对某一目标的信念。

②情感成分。情感成分指对某一目标的好恶程度。

③意动成分。意动成分指对某一目标的行动意向及实际行动。

一般来说，封闭自我或对他族文化具有轻蔑、厌恶甚至仇视态度的学生难以取得理想的学习效果。求知欲旺盛、好奇心强的学生往往对异域文化具有兴趣，并渴望了解其历史、文化与习俗，因而持有积极的学习态度，也可以获得良好的学习效果。

（2）动机

学习动机是指激发个体进行学习活动、维持已引起的学习活动，并使行为朝向一定的学习目标的一种内在过程或内部心理状态。学习动机通常可依据以下两个标准进行分类：

①学习动机依动机发生的原因不同，可分为内在动机与外在动机

内在动机是由外语学习者本身产生的，主要来自个人对外语学习的兴趣、爱好、好奇心等。持有内在动机的学习者丝毫不会受到外界因素的干扰，他们学习英语的目的只在于英语学习过程本身。

外在动机指英语学习者学习英语并非出于主观意愿，而是受到外力推动，如为了高分、升学、文凭、表扬等而学习英语。因此，一旦外部因素失去意义，持外在动机的学习者很可能会放弃英语学习。

②学习动机按照学习目的不同，可分为融入型动机与工具型动机

融入型动机又称"结合型动机"，指学习者学习语言的目的不仅是要掌握语言，还准备接受使用这种语言的人们的文化和生活方式，即融入第二语言社团中。

工具型动机指学习者学习英语是为了某些实际目的（如进行资料翻译、查找文献资料等），并不准备与英语社团进行交际。因此，一旦学习者认为目的已经达到，动机便立即消失。

融入型动机与工具型动机被认为是影响英语学习的重要因素，而且融入型学习动机往往比工具型学习动机更容易取得良好的学习效果。

（3）性格

性格是指表现在人对现实的态度和相应的行为方式中比较稳定的、具有核心意义的个性心理特征。性格不仅是学生的重要情感因素，而且是决定学生外语学习成功与否的关键因素之一。

在心理学上，人的性格主要有内向型和外向型两种。性格倾向对英语学习能力的影响主要体现在英语学习的不同专业技能方面。

①在英语的阅读理解方面，性格内向者深沉稳重，办事谨慎，善于利用其沉静的性格对有限的输入进行更深入细致的分析，往往具有优势。而性格外向者在认知方式上属于短时记忆，容易受到外界因素的干扰。因此，大学英语教师在进行阅读训练时应帮助性格外向的学生集中注意力，激活相关背景知识，提高其认知的准确程度。

②在英语的口语表达方面，性格外向者活泼开朗，热情大方，不怕出错，善于交际，

能获得较多的语言输入和实践机会，比性格内向者具有更大优势。所以，教师应努力使内向型学生在口语表达训练时表现活跃，积极参与到话题讨论中来。

③在英语的听力理解与书面表达方面，性格倾向的影响基本相同。

总之，教师应根据学生的不同性格倾向因材施教，以获得更好的教学效果。

二、教师

教师是大学英语教学的重要因素，在英语教学中起着主导作用。在英语课堂上，教师主要充当两种角色，即掌控者和引导者。作为一名合格的英语教师首先应该具有纯正的发音。然而，并非所有的英语教师都具有纯正的发音，所以教师可借助多媒体手段来弥补自己的不足，确保学生在课堂上所听的内容都是纯正的。同时，教师在讲解单词、句子、课文时，应该穿插一些解释，对难懂的词语要不断重复。

在多数英语课堂上，教师的讲话占据课堂时间的大部分，不可否认，教师的讲话有利于学生的语言习得，但也不能因此牺牲掉学生的练习时间。同时，教师还要注意不断变化教学的形式，以增强课堂的趣味性。一个合格的英语教师还应具有一定的应变能力，能预测课堂活动中出现的状况，能很好地处理课堂上的突发事件，确保课堂活动的有序开展。

此外，教师应该随时调整自己的提问方式、语言运用、提供反馈的方式。在英语课堂中，提问是教师常用的一种教学手段。通过提问，可以有效激发学生的学习兴趣，促使学生积极思考，帮助教师诱导某些知识结构。另外，语言运用的方式也很重要，为了让学生对所讲述知识有一个充分的了解，教师在教学中可以采用重复话语、降低语速、增加停顿、改变发音、调整措辞、简化语法规则、调整语篇等措施。

学生是英语教学的重要反馈者，同样，教师的反馈也是十分重要的。所谓提供反馈就是指教师为学生的学习情况提供反馈。教师的反馈可以是对学生话语的回答，如表示学生回答正确或错误、赞扬鼓励、扩展学生的答案、重复学生所答、总结学生回答、批评等。总之，教师的目的就是采用不同形式的教学方法，调动学生的积极性，扩展学生的知识面，培养学生的学习能力，提高整体教学的效果。

三、教学内容

教学内容是指在教学活动中为实现教学目标，师生共同作用的知识、技能、技巧、思想、观点、概念、原理、事实、问题、行为习惯等的总和。教学内容是一种特殊的知识系统，既有别于语言知识本身，又不同于日常经历；既要考虑英语学科本身的知识体系，又要考虑学生的年龄特点和实际需求等。通常来讲，教学内容主要有以下五个方面：

(一) 语言知识

综合英语运用能力的有机组成部分就是英语语言知识。语言知识是语言学习和语言运用的重要内容之一。英语语言能力的形成是以语言知识为基础的。

(二) 语言技能

英语语言的技能主要包括听、说、读、写四个方面，它们是形成综合语言运用能力的基础和必要手段。听的技能就是分辨和理解话语的能力；说的技能就是运用口语表达思想、输出信息的能力；读的技能是指辨认和理解书面语言的能力；写的技能主要指运用书面语表达思想、输出信息的能力。在大量听、说、读、写等专项和综合性训练中，学生将会形成这几种技能的综合运用能力，为真实的语言交际奠定基础。

(三) 情感态度

情感态度是指兴趣、动机、自信、意志和合作精神等影响学生学习过程和学习效果的相关因素。积极的情感态度有利于发挥学生潜在的各种技能；相反，消极的情感态度会阻碍语言学习能力的养成。因此，教师在教学中应不断激发并强化学生的学习兴趣，引导他们逐渐将兴趣转化为稳定的学习动机，从而形成积极的情感态度。

(四) 文化意识

文化意识是指所学语言国家的地理、历史、风土人情、传统习俗、生活方式、文学艺术、行为规范、价值观念等。对于英语学习者来讲，接触和了解英语国家的文化可以加深其对英语语言的理解和使用，提高其人文素养，培养其世界意识。因此，教师在英语教学中要注重对学生文化意识的渗透，根据学生的年龄特点和认知能力，传授文化知识，培养文化和世界意识。

(五) 学习策略

学习策略是指学生为有效地学习和发展而采取的各种行动和步骤。英语学习策略主要包括认知策略、调控策略、交际策略和资源策略等。培养学生的学习策略可以促使他们的有效学习，并能为终身学习奠定基础。好的学习策略，可以改进学习方式，提升学习效果，还能使学生学会如何学习，从而形成自主学习的能力。因此，教师要帮助学生形成自己的学习策略，对自己的学习过程和效果进行监控和反思，培养学生根据学习风格调整学习策略的能力，引导学生善于观察他人的学习策略，乐于尝试不同的学习策略。

四、教学方法

教学方法是教师和学生为了实现共同的教学目标，完成共同的教学任务，在教学过程中运用的方式或手段的总称。从古至今，英语教学中出现过不少教学方法，并且它们都在英语教学中发挥过作用。然而，事实证明，教学方法没有最好的，只有最有效的。具体地说，英语教学中采用固定的、一成不变的方法，将会引起学生的反感，也就会降低外语教学的效率。即使在一堂课使用一种教学方法，学生也会感到单调、乏味。因此，英语教学所采用的方法应具有灵活、多样等特点，要对各种语言技能有所侧重，这样才能全面提高英语学习的能力。

五、教学环境

（一）教学环境的要素

教学环境是一个由多种不同要素构成的复杂系统，广义的教学环境是指影响学校教学活动的全部条件，它可以是物理环境和心理环境；狭义的教学环境指班级内影响教学的全部条件，包括班级规模、座位模式、班级气氛、师生关系等。在此，我们将教学环境的要素总结为以下几个方面：

1. 社会环境

这一环境是影响和制约外语教学的重要因素，它主要涉及社会制度、国家的教育方针、科学技术水平、经济发展状况、人文精神、外语教育政策、社会群体对英语学习的态度以及社会对英语的需求程度等。英语教学发展的主要动力就是社会环境，它对英语教学有着极强的导向作用。

2. 学校环境

为学生提供学习场所和学习手段的最佳环境就是学校。学校环境对英语教学的影响是最重要和最直接的，它决定着多数学生英语学习的成败。学校环境主要涉及课堂教学、接触英语时间的频率、班级的大小、教学设施、教学资料、英语课外活动、英语教师及其他教职工对英语的态度及其英语水平、校风班风和师生人际关系等。

3. 个人环境

个人环境也会对学生的英语学习具有一定的影响。个人环境一般包括学生的家庭成员、同学、朋友的社会地位，物质生活条件，文化水平，职业特点和对英语学习的态度、经验、水平及学习方式，成员之间的关系及感情，学生的经济状况，拥有的英语学习设备和用具等。

（二）教学环境对英语教学的影响

教学环境对英语教学有以下几个方面的影响：

（1）教学环境能够使教师在教学中更加努力地营造良好的课堂环境，充分利用现代化教学设备，优化教学环境，提高学生对英语语言的运用能力。

（2）教学环境可以帮助教师正确认识环境对学生英语学习的影响，结合我国英语教学的现状，理性地分析、判断和选择其他国家英语教学的理论和方法。

（3）教学环境可以帮助教师有效地加工语言输入材料，科学地设计语言练习，创设良好的课堂英语使用环境。

（4）教学环境有利于教师在不断学习和实践优化课堂教学环境的策略，创设良好的英语教学环境的过程中，提高其自身的教学素质。

六、大学英语核心要素的特征与转变

以教师为中心的知识传授教学转向以学生为中心的综合应用能力教学模式，既是"本真"的大学英语教学应有的承诺，也是信息技术飞速发展的必然结果。经过十年的快速发展，中国互联网已形成规模，应用走向多元化。人们在工作、学习和生活中越来越多地使用互联网。互联网已经凸显出重要作用，改变了人们获取知识的手段，以其不受时空限制的显著特征，对学校教育产生了十分巨大的影响。

网络工具庞大的信息资源和可接近性使信息流更直接地指向学生，三千多年以来的学校教育中教师与学生的依存关系正在经受严峻挑战，也必将发生根本性的改变。新技术网络工具的介入，使学习者不再像过去那样通过他人的视野和引导获得学习。学习可以是一周 7 天、每天 24 小时的学习，超越了时空限制，学习无时无刻、无所不在。计算机技术日新月异的进步使其功能有了跨越式的发展，在外语教学方面，已远远超出了其辅助功能，逐步走向主导。大学英语教学的教材、时间、空间、媒介、学习者、教师等教学中的关键变量都将呈现出全新的特征，预示着大学英语课程教学网络环境的形成。由于网络语言中英语独特的话语权地位和英语学习者得天独厚的语言便利和可及性，使大学英语课程教学首当其冲受到显著影响。大学英语课程教学中的学习者、教师、学习内容等核心要素被赋予了新的内涵，学习者正在形成一种新的心理空间和认知空间。

同时，教师与学生角色的根本性变化对大学英语教师的课程教学与研究也提出了新的更高的要求，首要的任务是"实现教学理念的转变，即实现从以教师为中心、单纯传授语言知识和技能的教学模式，向以学生为中心、既传授一般的语言知识与技能，更加注重培养语言运用能力和自主学习能力的教学模式的转变"。

在网络环境下，大学英语学习者所担纲的不再是某一种单一的角色，而可以说是上述各种角色的综合。学习者在人格上获得了与教师平等的主体地位，成为能"充分发挥作用的人"，他们的学习是主动的，不再是被动的刺激接受者，而成为教与学的主体，是信息加工与知识的主动建构者，通过网络媒体创造的学习环境，按照自己的需要调节内容呈现的形式和进度。通过网络工具，他们可以有效地控制自己的学习过程，在寻求理解的过程中进一步产生新的学习动机，自己决定信息的关联及其程度，要求课文只给出"大观点"的结构，期望情景性的评价机制。随着学习者在大学英语学习过程中独立性、自主性和创造性主体地位的提升，在现实语言的交往中自身的语言知识经验得以有效"生长"，学习者的意义也同时得到合理的建构。

第三节 大学英语教学改革的必要性与改革方向

一、大学英语教学改革的必要性

英语教学改革尤其必要，不仅是时代发展的要求，同时也是提高英语教学质量、进行人才培养的要求。下面从教学的不同角度对其必要性进行分析：

（一）教学内容改革的必要性

受传统英语教学的影响，我国对英语人才过分注重语言表达形式的教学而忽视语言表达功能的教学。也就是说，英语教学只注重语音、单词、语法的学习，师生都过分重视形式，教师大多是逐词逐句讲解词语句子的含义，着重讲解词法、句法、语法，而学生在课堂上的主要任务就是听教师讲课、记笔记，在这过程中教师和学生都忽略了语言的实践活动。因此，在这种教学方法的影响下，学生的英语学习提高的只是其"语法能力"，而不是其"应用能力"。这在很大程度上限制了学生语言能力的发展。

众所周知，英语教学的目的是进行语言的应用，而不仅仅是阅读，更不仅仅是为了掌握单词的意义、明白语法规则，如果不能用英语进行交流，学习英语就失去了意义。要培养学生的英语综合应用能力,就需要在教学内容上进行改革,增加课堂上的语言实践活动,让学生有开口说英语的实践机会,也只有在实践中不断锻炼,学生才能真正提高英语的应用能力,才能够学以致用,达到英语教学的目的。因此,改革英语教学的内容十分有必要。

(二)教学方法改革的必要性

教学方法一直是教学研究的重点,也是我国英语教学改革的关键环节。常见的英语教学方法包括语法翻译法、听说法、直接法、认知法、交际法、情景法等,这些教学方法都曾经对英语教学理论和实践的发展做出了巨大贡献。但是,这些教学方法往往是在一定历史条件下为达到当时的教学目的的产物,它们一方面从各个侧面充实和丰富了英语教学法体系的完整性,另一方面又过分强调了某个侧面,所以有其不完善之处。随着社会的不断进步与发展,社会对人才的需求也会不断变化,因此在不同时期,教学理论也有所不同,教学方法也会有所变化。

传统的语法翻译法由于过于重视书面语的掌握,忽视口语表达能力的培养,并把口语和书面语分离开来,学生即使具备了较强的阅读和翻译能力,也可能不具备起码的听、说能力,给教学过程带来很大的障碍。因此,虽然语法翻译法在历史上曾经大大促进了英语教学的发展,但是随着时代的发展它已经无法满足社会发展的需求,必然会被其他的教学方法所取代。随着国外一些新的教学方法的引入,我国英语教师的视野得到了拓宽,广大英语教师也积极投身到英语教学理论特别是教学方法的改革、研究和实践之中,使英语教学方法得到不断完善。但是,随着教育事业的发展,不少英语教师认识到外国引进的教学方法并不适合我国的英语教学实际需要,英语教学法的研究和实践在某种程度上陷入了一些误区。因此,英语教师应该根据具体的教学情况,运用各种教学法中最有效最适用的部分,根据具体的英语教学需要,研究出适合本校、本班学生的教学方法。我国英语教学的改革强调以学生为本,突出学生的主体地位,这需要在教学中重视学生的个性,在采用教学方法时重视对学生兴趣的挖掘。因此,在教学改革中我们需要认真地研究有利于激发学生学习兴趣的教法。

(三)教学形式改革的必要性

测试是英语教学中的重要环节,是检验学生学习效果和教师教学效果的必要手段。英语通过听、说、读、写、译五个环节来学习,才能够收到预期效果。因此,在对英语教学质量及学生学习效果进行考核时,也应综合测试学生听、说、读、写、译等五个方面知识和能力的掌握情况。

但是，大多数英语考试仍以笔试为主，通常用一张试卷就考查了学生对英语知识的掌握情况，很少甚至没有其他形式的语言测试方式，可谓一锤定音。然而，这种仅凭一支笔、一张纸一次性判断出学生学习效果的方式很难全面地了解学生的听、说、读、写、译的能力，更难以反馈学生真实的英语水平及能力。同时，这种考试在某种程度上也挫伤了学生的学习热情，使学生对英语学习失去兴趣和信心。此外，这种考试也忽视了对学生听说能力的考查，但对英语而言，听说能力才是核心技能。

以我国大学英语四、六级考试为例。一直以来，我国大学生的英语听力水平和口语水平的发展极不平衡。这主要是由于大学英语四、六级考试主要注重读、写、译能力的考核，大多数学生都是为了通过英语四、六级考试而将大多数精力放在了这三个方面的学习上。教师为了保证英语四、六级考试的通过率也仅注重这三个方面知识和技巧的传授。尽管近年来英语四、六级考试中增加了听力试题，也逐渐引入口语考试。但是，由于我国对英语听说能力教学的长期忽视，导致师生都认为要提高英语听说能力是付出大收益小的事，因此学生和教师仍然将精力放在对付笔试上。因此，这种考试方式对英语这个特殊学科来说有一定的局限性，应该加以改革。为更好地把握学生的英语语言领悟能力、英语语言理解程度、英语交际水平，教师应安排听力考试、英语口语和英语交流等方式来填补笔试考试的不足。总而言之，只有科学、合理的考试形式才能完整全面地检测教师教学的科学性和学生的英语能力。

二、深化大学英语教学改革的对策

（一）明确大学英语教学的目标与任务

不明确大学英语教学的目标，容易迷失大学英语教学改革的方向。要求指出，大学英语教学的目标是培养学生的英语综合应用能力、发展学生的自主学习能力与提高学生的文化素养。其中，最重要的是培养学生的英语综合应用能力。大学英语教学要培养包含听说能力在内的综合应用能力，以改变传统英语的被动局面，提高学生的英语交际能力。

虽然强调听说能力的培养，但也不能削弱英语其他应用技能的培养。英语综合应用能力包括听、说、读、写、译等多方面内容，除了要重视听说能力的培养，英语阅读能力、翻译能力和写作能力也不可忽视。阅读能力是听、说、写、译等各种能力的前提和基础，是语言知识和文化信息输入的主渠道。在英语听说环境受限的情况下，阅读是人们接触英语最方便快捷的途径。

（二）构建各具特色的大学英语课程体系

大学英语课程体系的设计要立足于学校及学科人才培养的需求，从学校的办学与人才培养目标出发，构建具有各大学特色的大学英语课程体系。在构建大学英语教学课程体系时，要充分考虑学校部分学科发展的需要，采取大学英语教学"四年不断线"的方式，培养高素质、具有国际视野的学科人。

一、二年级主要为学生开设综合英语课程（读写课和听说课），三、四年级主要开设以专业英语或学术英语为主的特殊用途英语课程。特殊用途英语课程是英语基础课程与专业双语课程之间的桥梁。通过特殊用途英语课程及其后续专业双语课程的教学，使学生顺利地从大学综合英语的学习过渡到英语的专业应用类课程的学习。

不同大学通过构建各具特色的大学英语课程体系，设计四年不断线的课程，引领正确的教学改革方向。英语教师要相对固定于一个专业的英语教学，了解相关专业学科背景，积累相关的专业英语资料，向一、二年级学生推荐与专业基础知识相关的英语听力或阅读材料，使学生在双语课程、专业英文学术报告的熏陶下，潜移默化地接受英语应用能力的培养。

（三）深化听说教学改革

"要求"提出"培养学生的英语综合应用能力，特别是听说能力，使他们在今后学习、工作和社会交往中能用英语有效地进行交际"。因此，在教学实践中，要始终按照课程教学的要求，着力提高学生的听说能力。

当前许多大学首选的应对策略是适当增加听力课的课时，有些大学英语读写课与听力课的课时比例达到1∶1。除此之外，各大学应深化听说课程教学的改革。一要贯彻"以说带听、以听促说、听说并举"的课内教学原则，不但要在听力课中强化听说，还要在读写课教学中重视听说训练，实现各种教学场合的听说并举，达到提高学生听说能力的目的。二要合理规划在课外时间实施英语听力的教学。除课内教学外，教师要指导学生在课外时间开展听力训练。实行英语四级考试及格后大学英语免修制度的大学，可组织免修学生开展自主听力学习。一方面，教师要为学生提供课外听力材料；另一方面，要进一步完善英语网络自主学习平台，为学生的课外听力训练创造条件。

（四）培养学生自主课外阅读的习惯

阅读优秀的英语文学作品，可以提高学生的英语实际运用能力。在非英语专业学生中开展课外阅读英语文学作品的训练，充实学生英语阅读的"内容图式"，将对学生英语综合应用能力的培养发挥基础性作用。

国内部分大学利用网络自主学习平台，开展学生的英语课外阅读教学实践，但效果不甚理想。课外英语文学作品阅读教学应重视过程性评价。一要以学生为主体，在学生理解作品内容的基础上，教师阶段性利用读写课的教学时间，进行互动交流。师生互动、平等参与的生动情景和各种有趣的竞赛活动能提高学生的阅读兴趣，让学生认真品味和欣赏英语文学作品，避免学生对英语文学作品阅读产生抵触情绪。二要制定合理的英语文学作品阅读分级教学目标。教师要根据英语文学作品的难易程度，分配相应的阅读分值引导学生根据自己的英语基础选择不同分值的文学作品进行阅读。教师要分阶段对一、二年级学生的英语文学作品阅读进行评估，要求学生每个学期完成一定量的文学作品阅读任务；对三、四年级学生实行英语文学作品阅读奖励制度，每学期根据学生的阅读分值进行奖励，逐步培养学生自主阅读英语文学作品的习惯。

综上所述，大学英语教师要以"要求"为纲领，以学校的办学定位和学科建设为服务对象，精心设计大学英语课程体系，构建合理的课程设置，引领正确的教学方向。同时要分析当前英语教学改革面临的问题，主动求变，采用"四年不断线"的做法，在强化听说训练的基础上，将大学英语的教学延伸到学生的专业学习，促使学生顺利地从普通英语学习向专业英语课程专业双语课程学习过渡，逐步提高学生的英语综合应用能力。

第四节　大学英语教学的发展趋势

一、教育信息化趋势下的大学英语教学改革

经过近十余年来的发展，教育信息化已在国内高等教育界掀起了教育变革的浪潮，并必将使教育教学理念、教学方式方法、教学资源配置、教学管理体制等方面产生剧烈的变革。席卷全球的"慕课"、国家精品开放课程、"微课"等，都是对传统高等教育的冲击和挑战，基于网络平台的优质学术资源可方便地传播和共享，促进了教育公平及均衡发展，降低了教育时代的"马太效应"。

那么，如何把握教育信息化趋势下的大学英语教学改革，是我们亟待思考的问题。

（一）信息化趋势下的大学英语教学改革

随着信息化在全球范围内的迅速扩展，以及信息技术在教育领域的广泛应用，教育信

息化已经成为教育发展过程中的一场深刻变革。

从教育教学过程来看，教育信息化在高等教育方面主要推动了以下几个方面的变革：

一是信息技术的支撑。信息技术在教学过程中的融入，让教学的方式方法发生了深刻的变革，如多媒体教学、网络教学、数字化教学等多样化教学方式的出现，使信息化成为高等教育育人过程的基本条件。

二是教育理念的创新。信息化推动了教学模式和方式方法的改革，对整体的教育教学过程都产生了深刻的影响，比如课程组织、管理方式、评价体制、激励机制等方面都需要重新架构。

三是实现教育的个性化。信息技术在教育领域的介入和信息化教学平台的应用，使传统的难以实现的教学管理组织和要求成为现实。面对知识水平参差不齐的学习对象，大学可以通过信息化手段实现学生学习层次的分类进而开展个性化、模块化教学。

高等教育教学信息化是教育信息化工作的核心，是关系到高等学校教育教学改革的关键环节，促进高校信息技术与教育教学的深度融合已成为现阶段教学改革的主要趋势。

这一趋势下的主要工作就是围绕应用信息技术手段创新人才培养模式和课程教学模式，研究建立信息化教学中针对学生的学习评价机制和针对教师的教学评价与激励机制，以及推动高校基于信息技术的"跨校选课、学分互认"、课程共享机制建设和激励优质课程资源共享等。从外部环境来看，经济社会发展对大学的人才培养需求和学生的个性化学习要求，使高等院校必须在新常态下着力把握教育信息化趋势下的大学英语教学改革，顺势而动，大胆探索，从基于信息化环境的校内公共课程内容建设、教学模式建设、评价机制建设等方面入手，结合教学实际打造适合自身的信息化教学新模式。

（二）教育信息化趋势下大学英语教学模式发展及现状分析

1. 大学英语教学模式发展

在教育信息化的推动下，大学英语教学改革也进行了努力创新与尝试基本的教学模式，并经历了计算机辅助大学英语教学、网络架构的大学英语自主学习平台、信息技术与大学英语课程深度融合的三个发展阶段。

（1）计算机辅助大学英语教学模式

现代信息技术的发展为大学英语的教学改革提供了良好的契机。如今几乎所有的高校都基本实现了计算机辅助教学，计算机辅助教学强调计算机是教学的"辅助工具"，虽然能将课堂内容通过多样化展示出来，但学生仍被认为是知识的灌输对象，是被动地接受者，教学内容也往往不离教材。这种教学模式将多媒体教学引入到英语课堂，改变了过去教师加黑板的传统单一的课堂教学模式。从本质上讲，该教学模式在大学英语教学方面并未能发挥显著的效果，也和以往的教学模式大同小异，并且单一的"填鸭式"教学模式已经完全不能满足现代教育及社会的需求。

（2）网络架构的大学英语自主学习平台

近年来，许多学者强调将建构主义理论运用于高等教育，建构主义理论认为知识不是通过教师或外界传授而得到的，而是在一定的情境下，借助其他人（教师或学习伙伴）的帮助，利用学习资料，由学习者自己完成对知识的构建。它认为教师和学习者同等重要，同时肯定教师的主导作用和学习者的主体地位。

基于建构主义理论，网络架构的自主学习平台逐渐成熟并走进高校。此类平台要有一定的硬件作为基础，如由资源库、学习平台、学习工具、考试测评讨论区等模块组成。这种学习模式似乎颠覆了传统的教学模式，突出了学生的主体地位，学生由被动的"接受者"变成了学习旅程的"驾驭者"。

但同时也不能忽视教师在学生自主学习过程中的引导和监督作用。首先，平台有一定的课程设置，学生必须在完成基础学习并通过测评后才能进入更高一阶的学习；其次，平台有一定的自动监控设置，如学习满4分钟才能开始测试，5分钟没有学习状态，计时会停止等防止学生刷课的现象；再次，学生可组成不受地理位置限制的小组共同讨论并完成学习任务；最后，最重要的是教师可进入教师平台，掌握学生的学习情况，并根据每个学生的不同情况，下达下一部分的学习任务，处理学生在学习过程中出现的问题，并可公开辅导解答共性问题。同时还可统计评估整个年级学生的学习数据，作为进一步深入学习的依据。

这种自主学习模式通过构建特定的学习环境，学生根据自己的特点和学习兴趣主动地选择学习时间、学习方法，组织学习过程，提高英语听说及运用能力，这种自主学习方式是以"快乐学习、终身学习"为最终目标的。

（3）信息技术与大学英语课程教学深度融合

在如今信息量巨大、新技术不断涌现、日新月异的社会变迁中，大学英语教学也在不断改革中完善并步入了信息技术与课程深度融合的阶段。基于互联网和校园网的多媒体教学模式强调个性化教学与自主学习，学生可根据教师的指导及自己的特点、水平、时间、学习方法等，通过自主学习室的学习软件和校园网大学英语教学平台中的"英语资源库系统"和"教学/学习管理系统"，实现非定时多地点的学习，即学生可以选择适合自己水平的学习内容、选择适合自己的学习时间，并根据自己的学习方法，在校内自主学习室、电子阅览室、图书馆或寝室随时随地进行学习，并能及时了解自己的学习进步情况，得到相关信息反馈，调整继续学习策略，达到最佳学习效果。在教学应用方面，部分课程真正利用网络教学辅助平台，构建了网上学习、课堂讨论、社会实践三位一体的信息技术与教学深度融合模式。

2. 大学英语教学改革现状

英语语言素质是人才培养国际化的必然要求。近年来，国内大学按照教育部最新的《大学英语教学基本要求》开展了不同程度的改革，初步取得了一些改革成效。但是随着高等教育办学的日益开放、人才素质要求的提升以及"互联网+"对传统教育形态的颠覆，大学英语已有的教学模式尚存在一些深层次的矛盾，如分级分类教学的改革深度不够、四级后教学模式的钝化、个性化教学的缺乏等。

从国内大多数高等院校大学英语改革现状来看，分级分类教学在传统教学模式中占有主导地位。然而分级分类的缺陷是改革的深度还不够，这种教学组织方式只是按高考分数高低和专业差别进行粗略划分和开展教学。四级后教学问题也是当前大学英语教学长期困惑的改革瓶颈，是现有教学模式所解决不了的。大学英语第四学期（"四级"后）教学存在的问题是：通过四级考试的学生学习动力不足，学生到课情况较差，由于未能建立相应的考核机制，教师对学生缺乏教学过程的约束力。这影响了正常的教学秩序，也是长期困扰大学英语任课教师的问题，在一定程度上挫伤了教师的教学热情和积极性。同时，面临大学生出国留学、学习深造、创新创业等方面的迫切需求，现阶段的大学英语教学没有从根本上实现个性化教学，课堂教学依然是以大班为主、以教师为中心。

基于现有教学模式和教学过程中的这些深层次问题，需要考虑如何把握信息化趋势和"互联网+"的改革态势，做好面向大学生的大学英语教学改革，即如何把学生分层次，设计灵活的学习机制，实现学生的个性化学习需求等。

（三）基于信息化的分层次教学模式改革

1. 大学英语分层次教学模式构建

大学英语分层次教学在国内高等教育领域已有一定的理论与实践基础，被很多大学实践，只是各个高校的分层模型不尽相同。最初采用的是按照学生入学成绩分层，并且大多采用流动层级的教学模式：即入学成绩高的采用高阶教学，其余则次之，同时根据本阶段的考核结果决定下一学习阶段的学习层次。这样的分层教学模式给学生造成了一定的负面影响，尤其是被分到"条件较差"班级的学生会产生一定的抵触情绪，不利于教学的进行和人才的培养。

近年来，随着高等教育的快速发展和大学英语分层次教学模式改革的日益深入，单纯以高考入学成绩分层的教学模式已经不能满足社会需求和学生自主学习要求，其原因有以下几个方面：一是不同学科专业对英语的要求程度不同；二是不同专业学生将来就业后所从事的行业对英语的需求不同；三是学生基于自身兴趣对英语的爱好程度不同。现有研究与实践证明，考虑以上诸多因素的英语分层次教学能有效减少英语教学的盲目性，提高教学效率，节约教学资源，调动师生的教学积极性。

根据教育部《大学英语课程教学要求》，大学阶段的英语教学分为一般要求、较高要求和更高要求三个层次。分层次教学就是根据学生的英语基础学习能力、兴趣特点、专业方向以及将来有可能从事的行业要求等因素，设计不同的教学目标、制定教学方法，有针对性地对不同层次学生进行相应的学习指导，使每个学生在英语学习方面都能达到最佳效果。在我国古代，就是所谓的"因材施教"，而今则是在"因材施教"的基础上，同时关注社会对人才的个性化需求。

2. 信息化与分层次教学改革实践

在教育信息技术推动的变革浪潮下，结合我国大学英语重要转型的契机，应试教育应向多样化应用型教育转化，基础英语教学将向专门用途英语（ESP）转移，为更好地拓展专业知识做好准备。大学英语分层次教学模式改革具备了深度蜕变的改革要素。针对学生的个性化培养和个性化需求，如何建立信息化平台的大学英语分层模型标准变得尤为重要。

为更好地支撑大学英语分层次教学改革，学校应注重资源共享，着力搭建"教学资源平台"。通过有效整合各类电子图书资源、名师教学视频、教师备课资源等搭建了包括视频课程、电子书、学术视频、文档资料等内容的教学资源共享平台。一方面，依托平台有力支持课程的网站建设、在线课程教学、过程分析统计、研究性教学、碎片化学习等，推进了课程信息化教学改革并通过技术开发，实现了平台与校园网门户教务管理系统的无缝对接，为师生即时登录开展自主学习提供了便利。同时，学校应加快筹建MOOC中心，通过坚持"全面统筹、集中建设、订单开发"的原则，建成符合学校课程教学需求和满足学生多元化学习的课程资源平台，解决课程资源共享和多样化人才培养的要求。加大投入力度，引导与推动不同层次课程与教学团队加快MOOC课程开发与建设。这些课程将遵循"以生为主、以师为导"的新型教学理念，要求教师变"教学"为"导学"，引导学生变"听学"为"研学"，加快从"以教为中心向以学为中心""知识传授为主向能力培养为主""课堂学习为主向多种学习方式"的转变，着力培养学生的学习主动性、能动性、独立性，提高学生的创新素质与创造潜能。结合传统大学英语课堂教学的优势，促进师生之间的学习互动，实现教育教学过程线上线下的有机互补。

在全球化趋势下，各国都十分重视信息技术在高等教育领域的应用。教育信息化的发展，在教育理念、教学方式方法等方面产生了深刻影响，实现并重构高等教育的开放式发展。大学英语教学改革经过了21世纪以来的不断创新，已经为各学科专业人才素质的整体提升和实际应用做出了巨大的努力，并且朝着更加科学化、系统化的方向发展。但从高等教育国际化需求和互联网发展趋势来看，我国的大学英语教学改革和教育信息化发展程度仍有较大的融合空间，还有一些关键问题亟待解决。

同时，师生的计算机技术培训也必不可少。现如今网络覆盖日趋扩大，尤其是智能手机终端的海量增加已经基本实现了"泛在学习环境"，把握新形势下大学英语教学改革，刻不容缓。

二、从需求角度看大学英语教学改革的趋势

需求可分为社会需求和个人需求，前者主要指社会和用人单位对有关人员外语能力的需求，后者指学生目前的实际水平与希望达到的水平之间的差距。在外语教学领域，需求分析有四大重要作用：为制定外语教育政策和设置外语课程提供依据；为外语课程的内容、设计和实施提供依据；为外语教学目的和教学方法的确定提供依据；为现有外语课程的检查和评估提供参考。因此，从需求角度进行大学英语教学改革是必要的。

在我国，英语教学是基础教育，基础教育必须满足国家和个人争取发展的实际需要。因此，大学英语必然要继续改革。《大学英语教学指南》以提高课程教学质量为目标，以创新课程体系和改革教学内容为重点，准确把握课程定位，围绕教学目标、教学过程、教学评估、教学管理、教学质量监控等环节，规定大学英语教学内容、教学方法、课时要求、师资队伍结构等指标体系，形成符合我国高校教学实际的大学英语教学规范。《大学英语教学指南》一方面明确大学英语教学应达到的基本要求，另一方面探索建立大学英语教学分类体系，鼓励不同层次、类型、区域的高校根据教学指南和学校实际情况等自主制定个性化大学英语教学大纲，为下一步改革指明了方向。

全国各高等院校正在轰轰烈烈地开展大学英语教学的改革，设计出基于本校的科学的、系统的和个性化的大学英语教学大纲和实施方案，首要任务是了解学习者、教师、社会等各个方面对大学英语教学的需求。

因此，为了适应各个方面的需求，大学英语教学改革的趋势是：

（一）逐步下移大学英语基础教育重心，整体考虑我国英语教学体系

我国的大学英语教学是以基础英语为导向的，虽经前后三次的改革，但都在能力培养

的层次或次序上进行变化和调整，也就是说始终没有在英语使用上有新的突破。由于高中英语和大学英语在培养目标、课程设置和教学要求诸方面都基本接近甚至雷同，所以随着高中新课标的贯彻和中小学英语教学质量的提高，大学英语和高中英语的界限也在逐渐模糊。

在未来的几年里，《课程要求》所规定的大学生必须达到的一般要求的学习任务将有望在高中里大部分完成或全部完成。这样，从小学到高中，通过12年的英语学习，学生在高中毕业时打下较为扎实和全面的英语基础，尤其是在听、说等基本技能方面会有重大突破。进入大学的学生不必再花两年甚至更多的时间学习"基础英语"，可以直接过渡到专业英语的学习，或只须对他们稍加训练，即可转入同时提高外语应用技能和实际国际交流能力的学习和训练。大学英语教学的基本框架将有实质变化，从而为决策者实现从整体上考虑我国英语教学体系的目标奠定基础。

（二）英语教学同专业结合，走专业化发展道路

目前，我国的大学英语处于高中英语和英语专业的双重夹击这一种尴尬的境地。一方面，现阶段大学英语学科发展的空间受到局限；另一方面，社会对专业人才英语水平的需求不断高涨。在这种形势下，大学英语同专业结合、走专业化发展道路不仅满足了社会需求，同时也为自己找到了新的、顺应社会发展的时代方向。

中学培养基本外语能力、高校结合专业进行提高，是我国未来大学英语教学改革的方向。事实上，大学英语教学把重点转移到专业英语上这并不妨碍打基础，相反还会从应用的角度巩固和完善基础，真正体现"用中学"。

（三）淡化应试教育、建设多元化、多层次的大学英语课程体系

我国幅员辽阔，各地区、各高校之间情况差异较大，大学英语教学应贯彻分类指导、因材施教的原则，以适应个性化教学的实际需要。但现行的大学英语课程设置难以贯彻因材施教的原则，难以调动学生的积极性。虽然有高校采取了分级教学，但仍然没有从根本上摆脱大学英语课程"综合性"的桎梏。因此，在新的形势下，开展个性化和多元化的教学模式，贯彻分类指导的教学原则已成为当前我国大学英语教学改革的新方向。

第二章 大学英语的教学方法

第一节 交际教学法与直接法

一、交际教学法

交际教学法强调第二语言或外语教学的目的是使学生获得交际能力。因此,教学以语言功能为对象,教学过程应该是学习用语言做事的过程,其最终目的是在不同的场合对不同的对象用目的语进行得体的交际。交际法是以语言功能为纲、培养语言交际能力的一种教学方法体系。由于交际能力常常被认为是运用语言来完成各种功能或表达各种意念的能力,所以交际法又称为功能-意念法。

交际法的产生与语言学理论的发展有着密切的关系,具体地讲,与人类语言学、社会语言学和语用学有密切联系。交际法产生和发展的这二三十年是语言学研究空前繁荣的时期。现代语言学及其边缘科学的迅速发展,为交际教学思想的形成奠定了坚实的基础。其直接的理论动因为兴起于二十世纪六十年代的广义功能主义语言学,包括系统功能语法、社会语言学、语用学、篇章分析理论及跨文化交际学等。这些新兴学科的兴起,使人们开始考虑语言的使用和社会功能,以及使用语言的社会环境和文化背景。这些理论在教学上的体现就是注重交际能力,交际是人类自然语言最根本的功能,语言学习不仅应该重视结构、规则、形式的掌握,更应该强调语言的社会功能以及学习者的交际需求。学生不仅应该学习必要的语言知识,还应该学会正确得体地使用语言。语言教学不应该以句子为单位,而应该以篇章为基本单位。语言学习实际上也是一个跨文化体验过程。这些成果构成了交际语言教学思想的核心。

交际法的心理学理论是意念论。意念这个词属于心理学的范畴。思维是人的一种心理现象,作为人脑反映现实的思维活动形式,是人类共有的。人类的思维具有共同性和普遍性。操不同语言的各个民族有共同的意念范畴特别是比具体意念抽象程度更高一级的意念范畴，而人的思维又可以分为有限的意念范畴，各个意念范畴又可以分为若干个意念项目，意念项目还可以分为细目。同一个意念项目，各个民族又用几乎完全不同的语言形式来表达。常用意念项目及其常用的语言表达形式构成了某种具体语言的共同内核。因此，采用语言的功能进行教学就是运用这些共同的、有限的意念范畴以达到掌握一门语言的目的。由于人类的思维有共同的、普遍的意念范畴，所以常用意念项目就成为欧洲现代语言教学的共核，成为欧洲现代主要语言教学大纲的基础。由此，常用意念项目及其语言表达方式就成为现代语言教学的依据。交际法就在意念理论的基础上编写教学大纲。

交际教学法在外语教学实践中演化成为两个版本，即所谓强势和弱势，两者的主要区别在于如何看待交际与教学以及如何对待语言知识的问题上。强势交际观把二语/外语的获得看作是交际活动的结果，坚持要直接通过交际活动习得（acquire）交际能力，认为外语教学的目的是 using the language to learn；弱交际观认为，应该把语言作为交际工具来教，交际活动的目的是掌握目的语，认为外语教学的目的是 learn to use the language。

（一）交际法教学学习理论的原则

1. 交际原则

涉及真正交际行为的活动能促进语言学习。

2. 任务原则

活动要求用语言去完成/执行有意义的任务，这样的活动能促进语言学习。

3. 意义原则

对学习者有意义的语言能促进语言学习。因此，学习活动的选择要依据其在多大程度上能使学习者参与到有意义的、真实的语言运用之中（而不是机械的句型操练）。

以上原则说明了什么样的条件能够促进第二语言学习。交际法让学生在真正的交际活动中参与有意义的活动，完成一定的学习任务以达到培养语言交际能力的目的。

（二）交际法的教学原则的具体表现

（1）强调语言的意义和运用，而不是语言的形式。在教学中将语言运用的流畅性摆在首位。

（2）语言学习目的是学会运用语言进行交际，而学习掌握外国语语言的最佳途径是用所学语言进行交际。

（3）从学生日后的工作生活的实际需要出发来确定教学目的，制定教学内容。

（4）使学生勇于投入创造性地使用语言的活动中，在不怕失误的体验中获得交际能力。

（5）以语境为尺度衡量语言使用的准确性。

（6）机械训练不作为主要教学手段。

（7）语音达到能被人听懂的水平；

（8）阅读和写作可以从初学开始。

（9）审慎使用母语。

（10）语言错误是学生在学习过程中不可避免的。学生学习外语的过程是个从常常出现错误的不完善阶段逐渐向不出错误，达到完善的阶段的过程。对不完善阶段语言中的错误不必纠正。

（11）语言材料要来源于真实的话语。

（12）主张给学生的摄入量要大，教材选材范围要广，促使学生有充分的感性认识和宽广的知识面。

（三）交际法课堂教学的标准

（1）课堂学习的目的，完全集中在交际能力的所有组成部分，而不限于语法或语言能力。

（2）形式并不是安排课文顺序的主要框架，而功能才是主要的框架。形式是通过功能来学到的。

（3）准确性在传递信息中的作用是第二位的，流畅性比准确性更重要。成功的交际法的终极目标是传达与接受所表达的意思。

（4）在采用交际法的课堂上，学生必须在未经预演的语境中创造性地使用所学语言。从上述标准可以看出：交际法依据功能意念大纲组织课堂教学，强调语言的社会功能，特别是强调培养学习者的语言理解能力、表达能力、相互沟通的能力、创造性使用语言的能力。交际法注重学习主体，关注学生活动，强调以学习者为中心，教学过程交际化。"交际"不仅仅指相互间的语言信息的表达，它包括人与人之间一切思想感情的交流，是一种活生生的交际过程。

交际教学法把交际能力的培养作为教学的主要目标，人们在试图运用交际教学法的实践过程中，也发现了交际法自身的局限性，尚有难以解决的问题。首先，语言的功能项目很多，而且没有一个统一的标准，哪些功能应列入教学大纲，顺序如何排列，都是有争议的问题，而且不易统一；其次，在编写交际法教材时，最大的困难是如何使题材、功能和语法融为一体；再次，实践证明，理想的效果是语言能力和交际能力同时发展，齐头并进而不只是强调其中的某一方面；最后，把教学过程交际化是个理想，实现起来并不容易，努力使课堂教学交际化的同时，往往会忽视语言的准确性，而基本功较差的同学，也不可能训练出理想的交际能力。

交际教学法由于过分注重交际的流畅性，而忽略了语言的精确性。交际教学法反对系统地教授语法，忽视语言知识的系统性和整体功能，语法教学服从于交际教学，语法项目的安排也随交际教学的要求安排，语法教学本身缺少系统性和阶段性，有些语法项目甚至被完全忽略；交际法时期，语法教学是没有什么地位的。即使交际法提倡者并不否认语法教学对交际能力的作用，但在实际教学过程中，对交际意义的过于关注，使得语法教学被排除在外。由于过分注重语言的意义，强调语言使用的得体性，从而忽略了二语能力的培养。可以想象，如果根本没有语言能力的基础，既不能像样地发音，又没有一定量的词汇，更不会遣词造句，那又怎样使我们的语言富有意义，更不用说去要求语言的得体性了。语法能力是语言能力的重要组成部分，语法的错误会对交际起阻碍作用，所以在教学中全然否定语法的作用是不可取的，培养交际能力不能排斥学习语法知识，如果学生没有掌握语法规则，就不可能产生创造性的准确的语言，获得较强的交际能力。准确的语言能提高交际能力。不符合语法规则的语言因为不能准确传递意义，是无效的。没有掌握一种语言的语法，就谈不上掌握了这种语言，更不要说运用这种语言进行交际。此外，没有语言结构知识，就不能将句子拆分成更小的语言单位并确定结构之间的意义关系，进行从下到上的精确理解。交际能力虽然突出地体现在口头表达上，但也不能忽视理解和书面表达。

二、直接法

社会的发展要求更多的人学会外语，参与国际生活，这为外语教学提出了新的要求：口语能力的培养是外语教学的主要目的，语法翻译法满足不了这一新的社会需要。人们日益认识到，现代外语首先是一种有声的交际工具，直接用于社会交际实践。口语是书面文字的基础，口语既是教学的目的，又是教学的手段。现代语言的教学日益受到重视，到十九世纪五六十年代在西欧一些国家已经酝酿着一场外语教学的革新运动，其矛头直指"语法翻译法"。直接法便是在这种社会需要的背景下产生的。

语言学、心理学和教育学为直接法的产生提供了理论基础。例如，语音学对欧洲几种主要语言的语音体系已做出了全面科学的描述，提出音和字母对应关系的理论；语法学对这些语言的语法结构已进行全面的描写和初步的对比；词汇则提出语义随语境变化等理论；语言学的研究成果证明：不同语言的结构和词汇不存在完全的对等关系，这从根本上动摇了以逐词翻译为基本手段的语法翻译的理论。心理学和教育学此时也都在研究学生的年龄特征、记忆能力、刺激和兴趣在学习中的重要性等问题。心理学家提出的整体学习的学说，使人们注意到在外语教学里，必须让学生从一开始就学习句子。直接法遵循"以句子为基本单位"的教学原则，直接法认为，句子是口头交际的基本单位。学习外语也应以句子为单位，整句学、整句用。原因有四：其一，句子是最小的交际单位，掌握后可以直接用于交际；其二，许多词的具体意义和用法只有在具体的句子中才能得到确定和体现；其三，通过句子学习语音、语调，学得地道、纯正；其四，以句子为单位学习，容易把语言中具有民族特色的惯用语学到手。句型教学就是从这样的一个认识基础上发展起来的。让学生先掌握句子，在掌握句子的基础上认识句型，分析有关语法点，包括句法和词法，以加深对句子的理解和使用。先掌握语言材料，再教里面包含的语法点，这就是直接法的语法归纳教学法。

概括起来说，直接法是以"幼儿学语"理论为基础的，即仿照幼儿习得母语的自然过程和方法，来设计外语教学的过程和教授方法。因此也称为"自然法"。

英语直接法就是直接教英语的方法。直接包含三个方面：直接学习、直接理解、直接应用。《韦氏国际大辞典》对直接法下了一个定义：直接法是教授外语，首先是现代外语的一种方法，它通过用外语本身来进行的会话、交谈和阅读来教外语，而不用（学生的）本族语，不用翻译，也不用形式语法。直接法是在外语教学改革之后形成的一个新学派，直接法主张外语学习是一个"直接"的过程，不需要翻译，不需要讲解语法，也不需要利用学生的母语，只需要运用外语直接进行教学、会话和阅读。他们认为，学习外语的过程与儿童学习母语相同，是一个"自然"的学习过程；在学习中，口语是第一性的，学生的思维应直接与外语联系，而无须通过母语"中介"。

（一）直接法的优点

1. 强调口语和语音教学，抓住了外语教学的实质。

2. 注重实践练习，通过句型教学，使学生在语言实践中有计划地学习实用语法，发挥语法在外语教学里的作用。

3. 有利于学生外语思维和言语能力的培养。

4. 采用各种直观教具，广泛运用接近实际生活的教学方式和方法，较为生动活泼地进行教学，大大提高了外语教学的质量，丰富了外语教学法的内容；引起学生学外语的兴趣，有利于调动学生学习的积极性。

5. 编选教材注意材料的实用性与安排上的循序渐进。

（二）直接法的缺点

1. 学生在学校里学习外语和儿童在家里学习本族语之间有相同的地方，但也有不相同的地方。在外语教学里忽视青少年或成年人学习外语的特点，完全照搬儿童在家里学习本族语的方法，会给外语教学带来不必要的困难。

2. 青少年或成年人已经牢固地掌握了本族语，这一事实对学习外语既有有利的一面，也有不利的一面。直接法只看到它的不利一面，而看不到或忽视它的有利面，在外语课上，生硬地排斥或禁止使用本族语，结果给外语教学带来不必要的限制和麻烦。

3. 在口语和书面语的关系上，在听说与读写的关系上，在处理语法和实践练习的关系上，一味强调或夸大一个方面，而忽视或否定另一方面，不能科学地处理好它们之间的关系，也不能充分发挥它们之间的协同作用。

4. 它突出强调了外语教学的实用目的，而不大注意教育目的，所以用此法培养的学生，就其多数而言，在其独立工作能力和文学修养上，特别是在阅读高深的文献的能力上，仍赶不上用语法翻译法培养出来的学生。因此，在历次论战中，遭到反对派的非议。

我们来看一下直接法教学对语法学习和教学的看法：直接法的倡导者认为学习书本语法的主要目的之一是使学习者文句更正确通顺，能判断出句子是否正确学习。外语同儿童学习母语一样，也要让学生先掌握实际语言材料，然后再从他所积累的感性语言材料中概括或总结出语法规则，用以指导日后学习。一般不应在学生尚未接触到任何感性语言材料之前便灌注抽象的语法规则，令其背诵语法定义。学习外语，就要把相当大的力气用在外语语法结构的实际掌握上。直接法教学同样重视语法的教学。

第二节　语法翻译法与情境教学法

一、语法翻译法

语法翻译法时期即语法教学古典时期或传统语法教学时期。早在两千多年前，研究一门外语，最初是古希腊语和拉丁语，主要就是对其进行语法分析，用语法术语详尽地描绘目的语的形态特征和句法结构，及进行书面语的翻译。如果把外语教学法发展史分为前科学时期和科学时期的话,那么语法翻译法便是前科学时期的产物,而不是语言学、教育学、心理学诸学科自觉的综合应用。

语法翻译法是指用母语来教授外语的一种方法,而且顾名思义,在教学中以翻译为基本手段,以学习语法为入门途径。学习一门外语主要是通过将目的语翻译成本族语,背诵记忆语法规则和词汇,并通过大量的语法翻译练习来强化记忆。其特点是强调语法知识的掌握,认为语言学习实质上就是学习一套外语语法规则。

语法翻译法具有如下特点:

第一,语法体系的完整性和整体性。语法翻译教学法借助原"希腊-拉丁语法"的规则。

第二,形成了非常完整、系统的语法教学体系。这一语法教学体系对于初学者以及外语学习者来说是非常必要的。教学实践证明,这一体系有利于学习者较好、较快地掌握目的语的整个结构。语法翻译教学法以及建立在"希腊-拉丁语法"规则上的英语语法体系有利于外语学习者认识目的语的形式、不同的词类、句子组合等。它在很大程度上符合并顺应了人们认识和学习目的语的客观规律,有利于学习者掌握好这一体系。

第三,语法翻译教学法较好地体现了外语学习的本质功能,即两种语言形式的转换,进而达到语际信息交流的实际目的。它在一定的程度上验证了学习语法和词汇是一种有效的途径,同时翻译是实现信息交流的一种非常有效的手段。

第四,语法翻译教学法重视词汇和语法知识的系统传授,它有利于学习者语言知识的巩固,有利于打好语言基础,更方便于教师的教学安排。人们甚至将语法规则比喻成房子的结构,词汇是盖房的砖,只要将这两者相融合,即掌握了该语言。

第五,语法翻译教学法强调对书面语的分析,着重原文的学习,这样它有利于学习者对目的语的深入理解和掌握。

语法翻译法的不足体现在以下几个方面:

第一,翻译法不重视听说能力,在教学里没有抓住语言的本质;忽视语音和语调的教学。由于听说得不到应有的训练,学生虽然能够具备比较好的语言基础,熟知语法规则,但他们的口语表达能力较弱,口语交流的意识不强,往往在实际工作交流活动中不能有效地发挥所学语言知识的作用。

第二,过分强调翻译,单纯通过翻译手段教外语。这样,容易养成学生在使用外语时依靠翻译的习惯,不利于培养学生用外语进行交际的能力。

第三,过分强调语法在教学里的作用。而语法的讲解又是从定义出发根据定义给例句,脱离学生的实际需要和语言水平。教学过程比较机械,不易引起学生的兴趣。教师容易陷入单方讲解中,忽视了学习者的实践。

第四,过于重视语言知识的传授,忽视语言技能的培养。

总之,语法翻译法是以语法教学为中心,能较好地培养学生分析语言现象的能力,有助于训练学生的阅读和翻译书面文献的能力,但对培养言语交际能力的作用较小,学生的语言使用能力普遍较弱。过于追求语法的精确性,忽视了学生的语言创造能力,不能充分发挥语言学习者语言学习的主观能动性。

语法翻译法由于适应性广,简单而便于使用,尽管受到了极大的挑战和批评,它至今仍为许多外语教师在实际工作中所采用,为外语教学提供很多可以借鉴的东西。

二、情境教学法

在大学英语教学的过程中,情境英语教学法主要就是根据学生在英语学习过程中的心理特征以及年龄的特点,进行针对性的教学,我们在英语教学的过程中针对性地指出反映论的具体认知规律,同时在英语教学的过程中结合相应的教学内容,有效地应用形象内容来对英语教学情境进行创设。这样能够让较为抽象的英语教学语言成为生动的可视英语语言。通过情境英语教学方法来让学生在学习英语课程的过程中更加深刻地了解英语思维、英语口语以及英语感知。根据实际的情境英语教学方法来分析,情境英语教学方法的主要特点如下:能够有效地融合语言、行动以及创设的情境、让英语教学更加直观、更加趣味以及更加科学。

(一)情境教学的概念内涵

情境教学使用的"情境"概念,内涵丰富,它是这一教学系统的中心概念。它不但用在教学的起始阶段,而且还辐射、贯穿于整个教育教学过程;不但指外部环境,而且指主体的内部环境,整合成为心理场;不但在教室里创设情境,还可以带学生到课外、到大自然、社会大课堂中去,让学生在现实场景中去感受、体验、思考。

情境教学的概念表述尽管不同,但都把"情境"作为情境教学的出发点和切入点。从学科教学的角度来看,"情境"实际上就是一种以情感调节为手段,以学生的生活实际为基础,以促进学生主动参与、整体发展为目的的优化了的学科教学与生活环境。"情境教学的核心是情境。"情境教学还将情境贯穿教学过程的始终,强调凭借情境促进学生的整体发展,将人文学科的字词句篇、科学学科的定理公式融入具体生动的情境中,融知识性、育人性、发展性于一体。简言之,情境教学中的情境是多元、多构、多功能的。

应该特别指出的是,英语情境教学中情境的创设不是目的,而是实现教学目标的手段；情境是为教学目的、教育目标服务的。

（二）大学英语情境教学的认知理据

"情境"已是当代文化思潮和前沿科学讨论的热门话题。"情境教学"在教育教学领域也自然成了备受关注的课题。任何一次教育教学变革都离不开一定的理论支撑。当代脑科学的研究成果以及情境认知学习理论与建构主义学习理论的研究成果为大学英语情境教学设计提供了理论依据。

1. 脑科学成果对大学英语情境教学的支持

根据脑科学的相关研究，人大脑的左右两个半球是各有分工的，左半球主要负责逻辑思维及语言活动，右半球主要负责知觉、想象与情感活动等。在传统的教学中，无论是教师的讲解分析，还是学生对知识的背诵记忆或单项练习，所调动的主要是负责逻辑的大脑左半球的活动。而在情境教学中，教师设计的各种"情境"对学生来说，就是各种新鲜的刺激信号，这些信号不断激活学生大脑皮质的"语言"和"形象"等功能脑区。感受的时候，学生大脑的右半球兴奋；表达的时候，学生大脑的左半球兴奋。这样，大脑的两个半球交替兴奋或同时兴奋，能够使学生的学习更加轻松愉快。

情境教学并不是简单的语义学习，而是引发学生在丰富生动的"场境"中学习，并伴随着学生审美能力的发展与道德水平的提升。学生所从事的认知活动、审美与道德判断活动基于脑的深层结构，也就是"颞叶—顶叶—枕叶"的协同工作。因此，情境教学比传统教学能够获得更加良好的教学效果。大学英语教学应充分利用影像、图形、声音等媒介，创设英语学习的情境，激发学生右脑半球的功能，调动学生学习英语的积极性与主动性。

2. 当代学习理论对大学英语情境教学的支持

学习外语的终极目的是能够以外语为工具实现沟通交际的目的。母语的习得是与意义建构相统一的，因此，中国学生学习英语时，母语所起到的负迁移作用往往源自认知错误，学生将母语概念建构模式复制到英语概念的建构模式，因而时常会出现"Chinglish"的表达方式。英语教学的根本目的应该是教会学生用英语来表达，这一目的的实现离不开运用英语的情境。

情境认知理论认为，学习就是合法地参与实践共同体，是基于共同体社会协商建构知识的过程。知识不是一件事情、一组表征，也不是规则与事实的集合，而是一种动态的建构。知识是个体与环境通过交互活动而实现的建构，是人类协调的系列行为，是人类适应环境动态发展的一种能力。知识具有情境性，是活动、背景与文化产品的重要组成部分；

知识是基于情境，并在行动中不断发展，人的认知是有意识与无意识心理活动的统一，是理性与情感的统一。当今的大学教学人为地剥夺学生学习与生活的联系，造成了理论学习与社会实践的分离。要改变这种现状，就要将学生的学习活动镶嵌于具体的教学情境之中，为学生的理论学习找到通往生活经验的"中介"。这就要求大学英语教学设计要以学生的诉求为中心，教学内容与教学活动的安排要与学生的生活实际以及专业实践的需要相联系。通过情境教学，把英语知识的建构与学生能力的发展以及学生身份的形成等统领起来。

对当代教学改革影响较大的建构主义学习理论也主张学习与情境相互联系。学习不是把知识作为内在的表征，而是把知识视为个人和社会或物理情境之间联系的属性以及互动的产物。建构主义学习理论强调学习情境对于意义的建构具有支撑作用，因此，情境的创设是教学设计的重要内容。学习情境要与真实情境相互结合，由于真实情境是生动的、具体的与丰富的，学生在真实世界的情境中，借助于社会性的交往，利用有效的学习资源，能够有效建构知识，重组知识结构。建构主义学习理论对大学英语教学的启示是，教师在英语教学中应创设良好的学习环境，帮助学生有效地建构英语知识。教师应充分利用生动、形象和具体的情境，引导学生在自身体验中应用英语语言知识，提高英语应用的能力。教师在英语教学过程中，应将言、行、情融为一体，使英语教学更具直观性、趣味性与科学性，使学生的智力因素与非智力因素能够获得和谐发展，并充分调动学生学习英语的激情，培养学生的学习兴趣。

（三）大学英语情境教学的实施原则

当代教学理论主张教师应成为学生学习的促进者。高校英语教师理应顺应时代的需求，转变传统的教育教学观念，为学生的有效知识建构创设条件。具体说来，就是要通过丰富多样的教学情境创设，使学生能够在具体的语言情境中，达到对英语知识的记忆与保存、理解与应用以及评价与迁移。在具体的教学设计实践中，大学英语教师应遵循如下基本原则：

1. 主体性原则

英语情境教学的设计应该克服传统英语教学注重理论知识的强硬灌输、强调死记硬背的教学方法。教师应借助现代教育技术手段，通过良好情境的创设以及教师的语言调节，拉近师生之间、生生之间、师生与教学内容之间的距离；激发学生的学习热情，充分保证每个学生能够主动参与、主动投入、主动发展；通过角色扮演，利用角色的效应，增强学生学习英语的主体意识。大学生已经具备了一定的英语知识基础，具备了一定的自主学习的能力，他们不仅具有自主设计教学情境的渴望，也具备自主设计英语教学情境的能力。教师在进行教学设计时，应该根据学生已有知识基础，满足学生自主学习的需要，鼓励学生大胆设计教学情境。其设计教学情境符合学生学习英语的实际需要，教学效果会更加突出。

2. 交互性原则

大学英语教学要充分体现语言教学的交际性，根据大学生的实际，创设情境，通过大量语言实践，培养学生运用语言知识与技能进行英语交际的能力。教师应鼓励学生大胆地使用英语，为学生创造尽可能多的语言实践机会，为师生、生生充分地运用英语进行互动交流提供更多的时间与空间。语言就是交流的工具与媒介，英语教学就是要通过情境创设促进多维主体之间的对话与交流，实现大学英语教学的目的。教师要为学生的对话与交流创设更多的机会，使学生通过看、听、说等行动，体验、感知、领悟知识的真谛，从而感受成功，生成积极的学习态度。只有这样，教师的行为才能产生足够的教育意义，"教师必须站在与学生的关系之中，来选择合理的教育行动，由此而形成教师向着学生的实践姿态"。教师在进行教学设计时，应注重在教学过程中如何创设情境，促成民主、和谐、平等的师生关系。

3. 探究性原则

现代认知理论认为，认知不能脱离具体的身体，认知对有机体的物理属性具有依赖作用，人的身体在认知过程中起到了非常关键的作用。也就是说，身体的物理属性对认知的内容具有直接的塑造作用。这就要求学生的学习方式应该发生根本性转变，实现传统的接受型学习向探究型学习的转变。为了激发学生的探究，教师在教学过程中要创设类似于科学家研究的情境与途径，让学生在教师的指导下，选择与其学习与生活相关的主题，去探研、去表现、去体悟、去发现、去创造。探究型学习能够促进学生搜集信息、处理信息以及分析问题与解决问题能力的生成。

4. 体验性原则

体验是学生积极参加学习活动时所获得的直接情感感悟。体验使学习进入学生的生命域，知识的学习不仅仅是学生认知发展的过程、理性生成的过程，也是学生情感不断丰富、人格不断完善的过程。传统教学的弊病之一就是过分强调知识与能力方面的教学结果，忽视学生学习过程的有效性。在大学英语教学过程中，教师应该创设教学情境，引导学生积极参与，不仅要激励学生用自己的脑子思考，还要激励学生用耳朵听，用眼睛看，用嘴巴说，也就是亲身经历，去感悟英语知识的作用与价值。

(四) 大学英语情境教学的设计实践

大学英语情境教学设计的目的就是要使学生能够自然而然地融入英语学习的情境之中，并亲身感受到学习英语的轻松与快乐。受传统教育思想的影响，部分大学教师缺少对大学英语教学设计的研究，一般按照教科书章节的顺序讲解，学生在课堂上习惯于记笔记、记单词、读课文，这种缺少情境支撑的课堂很难培养学生听、说、读、写、译等方面的语言交往能力。在教育教学实践中，为了激发学生学习英语的动机、提升学生参与英语学习的效能、发展学生应用英语的能力，我们在问题情境的设计、互动情境的创设和经验情境的营造等方面进行了尝试。

1. 设计问题情境，激发学生学习英语的动机

教学目标是激发学生学习兴趣的原动力，而问题则是教学目标的有效表达方式。在教学实践中，为激发学生学习的兴趣，依据教学目标的这三个维度，既要设计认知问题的情境和动作技能问题的情境，更应设计情感、态度问题方面的情境。学生学习的情感、态度问题情境的设计虽然较难，但学生的"学习情绪也是可以预见的，可以从学习过程中的线性因果规律中去把握。我们的教学设计只要充分地把握教学原理，正视教育现场中可能出现的良性现象，并由此拓展出去"，就能获得确定的教学效果。过于重视教师讲授的"告诉式"课堂，切断了教学内容与周围世界的联系，舍弃了教学内容的情境，背离了学生建构知识应该遵循的规律，学生学习的积极性很难调动，这是大学课堂"低头族"群体日益庞大的主要原因。在教学过程中，由于教学内容的变化、学习者个体的差异性、师生情绪的不稳定性以及教学对话的碰撞与冲突，教师会瞬间产生反思，学生会即时产生惊讶、困惑与顿悟等。这种变化中的教学过程必然是动态的。大学生的英语学习过程是动态的认知过程，也是情感的生成过程。教师在进行教学设计时，既应该遵循大学生的认知规律，又应该关注大学生情感生成的特点，做到认知与情感的结合。

在进行英语情境教学设计时，为了唤起学生学习英语的内驱力，应力图做到认知、能力与情感的结合。

2. 创设互动情境，提升学生参与英语学习的效能

大学英语教学应当充分利用音乐、图画、角色扮演、戏剧视频、形象语言等艺术手段，创设互动情境，激发学生的学习激情，引导学生积极参与到课堂学习中去。艺术具有唤情的功能，既可以唤起人内在情感潜能，也能满足人的情感需要。大学英语课可以充分利用教材内容，引导学生编写剧本并进行角色扮演；可以运用多媒体技术设计伴有图画、

音乐的生动课件，激发学生的学习兴趣；也可以利用生动的、形象的语言，将学生领进想象的境界。

教材是教学的主要依据，但必须经过教学设计，以"章、节"为表现形式的教材文本才能转化为具有情境支撑的对话文本，从而进入教学域。为培养学生应用语言的能力，教师可以要求学生对教学内容的结构与人物进行分析，并将教材文本改写成对话性剧本，当堂分角色表演；也可以为学生创设一个真实的情境，引导学生创作剧本并分角色表演。

知识只有通过运用，才有可能使外化的知识内化为学习者的知识，才可能使学习者的经验得以增生。英语教学十分重视对大学生听、说、读、写等语言应用能力的培养。在教学准备中，我们总要认真反复听录音、反复研读教材、反复朗读，读出美感、读出激情、读出意境。这样，教师才能在课堂教学中发挥出语言的情境性作用，将学生领进语言运用的境界。

3. 营造经验情境，发展学生应用英语的能力

知识是基于一定的情境生成的。当创设的学习情境与学生带入的生活经验及已习得的文本知识相关联时，学生的创造性思维就易被激活，其同情、友善、分享等道德体验亦能同时获得。因此，我们在进行大学英语情境教学创设时，首先要有意识地联系学生的生活实际，通过情境使学生的知识得到整合，使知识镶嵌于生动的情境之中。这样，学生习得的知识就是有背景的、相互联系的，是可体验、可感悟与可迁移的，而不是僵化、暗淡与惰性的。

在教学实践中，首先，我们要尽可能地运用实物、图片、道具等将教学内容融入形象直观的教学情境之中，激发学生的想象力，调动学生学习英语的积极性，让他们意识到所学的知识在现实生活中的意义与价值。其次，我们要密切关注社会的热点话题，从社会关注的热点中选取与教学内容相关的、生动形象的案例，通过生动的案例情境，使抽象知识具体化、形象化与意义化，使学生唤醒自己的经验，体悟到运用语言的价值。再次，我们可以通过英语游戏、英语竞赛和英语演讲等实践活动，创设轻松和谐的课堂学习环境，为学生提供更多的使用英语语言的机会。学生亲身参与实践活动，能够有效建构自己在课堂学习中的身份，通过置身于真实的学习情境，能够把自己的情感全身心投入到学习之中，实现教学的共鸣。另外，在大学英语情境教学设计中，我们还有意识地设计学生感兴趣的小组活动情境，如参加同学生日聚会、参与国际学术会议、组织一次文娱晚会等，让学生在这些活动中都有发言、表现、交流与评价等机会。通过这种小组活动的创设，我们试图满足学生用英语交流的渴望，激发学生的兴趣。

大学英语教学的责任就是要培养大学生运用英语的基本能力，语言的运用离不开一定

的情境支撑。大学教师应该改变传统的"教师讲,学生听"的单向式知识传播的教学模式,改变教学观念,充分利用多种教学手段创设情境,提高大学生学习英语的积极性,使英语课堂成为学生智慧生成与关系建构的场域。

第三节 听说法与认知法

一、听说法

二十世纪四十年代以后,各国对外语的需要日益增长,随着心理学、语言学的新发展,外语教学手段和设备的革新,对外语教学法的研究和实验工作都在开展,出现了很多新的外语教学法。听说法便是新兴起的一种外语教学法。

听说法是与语言学理论联系最明显、最直接的一种教学方法。听说法的理论基础是美国的结构主义语言学,其心理学基础是行为主义。在结构主义语言学家看来,语言是高度结构化的体系,但人们进行言语活动时只知道说什么,并没有意识到自己说话中的语言结构。这些语言结构由于掌握到了自动化的程度,说话时可以不自觉地运用。因此,学习外语就应该达到不自觉地运用语言结构的程度,成为一种新习惯。这种习惯的养成需要反复地模仿、操练和实践。因此,听说法主张模仿、操练语言结构,达到能够不自觉地运用这些结构的程度。结构主义语言学家把句子的研究提高到重要的地位,提出了基本句型以及句子的扩展、转换等概念,进一步充实了这一种理论的语言教学,为听说法解决了语言教学上的重要障碍。

听说法遵循以下教学原则:

第一,语言是说的话,不是写出来的文字,语言都是有声的。学习外语,不论学习的目的是什么,都必须先学听和说,在听和说的基础上才能有效地学习读和写,即先听说,后读写,听说是重点和基础。这个顺序在外语教学里是必须遵循的。

第二,语言是一套结构,而许多语言的结构是通过各种句型得到体现的,因此,要掌握一种语言,首先要掌握该语言的各种句型,特别是常用句型。按句型进行操练是使学生学好外语的捷径。学习语言就是学习它的结构,而结构的全部内容都"尽在句型之中",掌握了全部句型也就掌握了语言的结构,也就掌握了语言。

第三,语言是一套习惯,习惯的形成需要多次的刺激和反应。语言教学中,应该教语言本身,而不是教有关语言的知识。教语言是教人学习语言而不是认识语言。外语教学是培养学生运用外语的语言习惯。根据行为主义心理学的刺激与反应的学说，培养语言习惯要靠反复操练，语言知识和理解力在这里起不了多大的作用。

第四，语言是本族人所说的话而不是某人认为他们应该说的话（描写观察到的语言现象；自然语言是什么样子，就教什么语言）。

第五，世界上的各种语言是不同的。每种语言都有特点，特别是在句子结构上各有特点。在编写教材时，必须将外语和学生的本族语进行对比，找出其相同和相异的地方，在这个基础上有针对性地编写教材，才能编写出适合本国学生学习的外语教材。此外，对比两种语言结构可以帮助确定教学难点和重点原则，使操练更有针对性。

第六，有错必纠、及时纠错。根据行为主义心理学理论，外语学习是机械的习惯形成过程，习惯的形成要靠大量正确的模仿和操练，尽可能杜绝错误的模仿和操练，习惯一旦形成，便难以更改。语言既然是一种习惯，那么语言错误如果听任不纠必形成有害的习惯，到以后就难以纠正。因此，当它还没有形成习惯之前，教师一经发现，必须立即纠正。

第七，限制使用母语。既然外语运用是一种习惯，那么只有通过外语本身的大量句型操练才能有效形成。听说法重视培养学生用外语进行思维。用翻译进行教学会阻碍学生用外语思维，对掌握外语十分不利。

由于听说法遵循不同的教学原则，不把语法分析和阅读能力作为教学目标，而主张以口语能力的培养作为主要目标，因此与直接法相比，听说法在课堂教学程序具体施教方法、教材呈现形式、测试等方面都有所改变。听说法把教学目标分为近期目标和远期目标。近期目标包括掌握语音、词汇、语法结构，并理解语言材料的准确含义。远期目标要求学生可以像外语本族语者一样熟练准确地使用外语。为了达到上述目标，听说法在课堂教学中调整为以下几条具体施教原则：

第一，在学生入门阶段，教学重点放在口语技能上。随着学习的深入，逐渐将口语技能与其他各项技能联系起来。

第二，口语技能是指在人际交往中，使用标准的发音、正确的语法概念、迅速做出反应的能力。

第三，语音、词汇、语法和听力的教学目的均在于发展学生的口语流利程度。

第四，阅读与写作技能的教学必须在优先发展口语技能的前提下考虑。

听说法的长处主要是能在较短的时间内培养学生初级的外语口语能力和快速反应的能力，打下实际掌握一种新语言的基础，比较适合外语短训班之用。

听说法不注重语法教学，教学中根本不提语法条条框框的问题，认为这些死规则无助于形成新的语言习惯。语言习惯的形成主要靠反复的练习。母语习惯的形成既然如此,外语习惯的形成也不例外。书本上的语法规则不必学,也无须在事先学,事后也不一定学,因为学习语言就是学习它的结构,掌握了全部句型也就掌握了语言的结构,也就掌握了语言。另外,根本不承认有什么"语法规则",听说法派的哲学指导思想是经验论,他们只相信来自实践的经验,十分轻视理性,即指语法规则。此外,听说法只重机械训练,这就等于否认了人的认识能力和智力在外语学习中的作用,因此听说法不注意发挥学习者的主观能动性。听说法只重语言的形式方面,而忽视语言的内容和意义方面。由于没有语法分析的能力,所以在碰到结构复杂的语句时,学生往往凭猜想,因此常有不正确的理解;而且,由于学生缺乏语法知识,因此缺乏连贯而准确地表达自己思想的能力。由于课文和练习都是为"句型操练"而描写,所以在不同程度上脱离真正的交际实际,脱离真实的语境,课文和对话多半是缺乏中心内容、语境不完整的句子的堆砌,学生学习起来枯燥乏味,到真正的交际场合,往往不能立即得体地运用所学到的语言。

二、认知法

认知教学法也被称为"认知-符号法",是针对听说法提出来的。

认知法的语言学理论基础是乔姆斯基的转换生成语法规则。他认为人的语言能力是与生俱来的,绝不是靠出生之后几年与外界接触而获得的。就是说,大脑结构起的作用是决定性的,外界条件(与一种语言的接触)只是激活了习得语言的机制而已。转换生成语法理论对听说法理论基础进行了彻底清算。乔姆斯基对听说法的结构主义语言学和行为主义心理学理论基础进行了全面批判,并提出语言不是一个习惯结构,而是一个生成转换结构;人脑中有一种先天的语言习得机制,学习者通过语言规则可以创生许多新语言;语言能力决定语言行为。乔姆斯基认为语言是一种受规则支配的系统(Mule-Governed System)。因此,学习语言不是单纯模仿、记忆的过程,而是一种创造性的活动,是用"有限的规则和材料生成无限句子"。这种观点认为语法可使人"生成出无限的、以前没有听见(或看见)过的、合乎语法的句子",使人"听(看)懂以前从未听(看)见过的句子,并判断出其语法上是否正确"。语言是人类先天所具有的能力,是人生下来大脑中就固有的能力,即主张语言学习"天赋观念论"。认知法在语言学习"天赋观念论"的基础上形成。

认知法以认知心理学为理论依据,重视感知、理解、逻辑思维等智力活动在获取知识过程中的积极作用,强调对语言规则的理解,重视语言教学中母语与外语的交叉对比作用,着眼于培养学生实际运用外语的语言综合能力。

（一）认知法的教学原则

认知法以认知心理、转换生成语法理论、有意义学习理论作为其理论基础，在批评总结以往教学法，尤其是听说法的基础上，形成了以下教学原则：

1. 以学生为中心

认知法研究的是中学生以上的成年人在自己国家的环境中学习外语。它认为在外语教学中，学习者的内在学习因素起着决定性的作用。因此，教学应以学生为中心，课堂教学要以学生的实际操练为主，最大限度调动学生的积极性。同时，认知法还认为，由于课堂教学的时间有限，学生必须有计划、有目的地进行课外自主学习。教师在课堂上除去帮助学生掌握外语知识、培养学生用语言的基本能力之外，更重要的是教给学生科学的自学方法和培养学生的自学能力。

2. 在理解语言知识和规则的基础上操练外语

强调有意义的学习和有意义的操练。认知法认为学习外语不仅是一种养成习惯的过程，而且是一套须遵循语言自身规律的受规则所支配的创造性活动。人类学习语言的过程，就是掌握规则的过程，学生只有在理解和掌握这套规则的基础上才能进行言语活动。掌握规则的途径，一是发现规则；二是创造性地运用规则。发现规则是基础，但更重要的是培养学生创造性地运用规则的能力。所以，认知法在进行中重视语法规则的理解，在理解规则的基础上进行语言活动，进行外语的言语操练活动，并坚持这种言语操练活动应贯穿整个语言教学之中，而非简单地反复模仿和进行机械记忆。

3. 听说读写齐头并进，全面发展

认知法在处理听说读写关系上主张在学习语言的同时让学生学习文字，认为对成年人来说，学习外语的最好途径是通过多感觉器官（如眼、耳等）同时或相继地综合运用，单纯依靠声音学习语言是不会收到良好的学习效果的。因此，认知法主张外语教学一开始就进行读写听说的全面训练。认知法追求的外语教学目标是培养学生实际而全面地运用外语的能力。

4. 利用母语与外语的对比分析进行教学

各种语言的语法具有一定的普遍性和共同性，因此，应该有意识地、恰当地利用母语与外语进行对比分析，引导学生正确地进行语言信息的形式转移。认知法认为母语是学生已有的语言经验，这应作为学生学习外语的基础。

5. 对错误进行分析后加以纠正

认知法将语言的学习看作是按"假设—验证—纠正"的过程。在这个过程中，学生出现错误在所难免，教师要对学生的错误进行分析，了解学生产生错误的原因，有针对性地进行纠正，逐步培养学生正确运用语言的能力。对那些因疏忽、不熟练而产生的错误，仅做一些指点，而非见错就纠，否则会使学生出现怕出错的紧张感，造成心理压力。少纠正比过多纠正好；事后指出或提醒比当场训斥好。其目的是不伤害学生的积极性，不给他们造成心理障碍。

6. 广泛利用直观教具和电化教学手段，使外语教学情境化、交际化

这有助于创造外语环境，增加学生使用和参与外语活动的机会，进而使外语教学活动得以强化。同时，通过多媒体、网络和语言实验室等现代化手段进行外语教学，不但可以增强课堂的教学信息容量，使学生的自主学习在课堂上得以实现。

（二）认知法把外语教学程序分为三个阶段

1. 语言理解阶段

在认知法看来，所谓理解，就是让学生理解老师讲授的和提供的语言操练和语言规则的意义、构成和用法。认知法之所以把理解作为外语教学的第一阶段，是因为理解是学生从事言语活动的基础，学生的一切语言操练都应该建立在理解上。如句型的操练听说读写各项能力的培养等。应该注意的是，语言规则的理解并非依赖教师的讲解，而是在教师指导下让学生发现语言规则。

2. 培养语言能力阶段

认知法认为，人不分种族、民族、性别、智力，都与生俱有习得语言的才能和潜能。外语的学习不仅需要语言知识、结构的掌握，还要学会正确使用语言的能力。外语语言能力的培养要通过有意识、有组织的练习获得。这个阶段既要检查学生对语言知识的理解情况，又要培养学生运用语言知识的能力。

3. 语言运用阶段

这个阶段的教学任务是培养学生运用语言知识，进行听、说、读、写的能力，尤其重视学生的实际交际能力，即注意对学生在脱离课文后的创造性语言交际能力的培养。因此，进行课文以外的专门的语言交际能力的训练显得十分重要。这类训练的方式有以下几种：多种形式的交谈、专题讨论、连贯对话多种形式的自我叙述、口头作文或专题发言、多种形式的学生的笔头记述、场景游戏中角色的扮演、笔头作文、口头或笔头翻译等。这

些训练，关键在于营造一个积极的语言小环境，调动和激活每一个学生的兴趣和参与意识。这个阶段将前两个阶段学得的语言知识内容与实际运用能力结合起来，目的在于使学生听、说、读、写各个方面的能力都得到发展。

从以上介绍中，我们可以清晰地看出认知法重视语法教学和语法在学语言中的作用，强调语法理论知识的重要。认知法重视语法规则的理解，把语法从死记教条、定义改造成为实际掌握和使用语言，把语法同语言使用结合起来；精选语法中有助于实际掌握语言的规则教给学生，使其学了就用，避免孤立地死记硬背。

第四节　全身反应法与任务教学法

一、全身反应法的理论基础

全身反应法主要以心理学和语言学，其中尤以发展心理学、大脑两半球侧化和人本主义心理学的理论为其理论基础。

（一）全身反应法的心理学理论基础

1. 记忆痕迹理论

心理学中的记忆痕迹理论认为，记忆越经常、越强烈，则联想与回忆越快捷和容易。记忆可以通过口头完成，也可以和肢体动作活动相联系。结合痕迹活动，例如伴随着肢体动作活动的练习，可以提高成功回忆的效益。

2. 言语发展心理学

从发展心理学的角度出发，人们习得第一语言（母语）和学习或习得第二语言的过程是平行前进的。因此，人们学习或习得第二语言的过程须反映习得第一语言（母语）的过程。既然成年人学习或习得第二语言与儿童自然习得母语的过程基本雷同，那么依据儿童自然习得第一语言（母语）的过程，至少可得出以下几个结论：

（1）存在一个先习得听力的阶段

儿童习得第一语言（母语）的过程中，在习得说话能力之前，存在一个先习得听力的阶段。儿童习得母语伊始先听到大量父母和周围的人所说的口语，并被要求用动作做出理解的反应，而不需要、也不可能对听懂的口语做出模仿发音的反应。儿童在大量听懂、领会、理解语言的基础上，在大脑中就会形成关于口语的内在蓝图，这种内在口语的蓝图是随后习得说话能力的坚实基础。因此，学习第二语言须从听有意义的话语起始。

（2）要求对听到的话语做出反应

父母、周围人员对儿童说话，有时须反反复复说上数十遍，要求儿童听懂、领会理解他们所说的话语，并渴求儿童做出理解的反应。因此，儿童先获得听的理解能力是由于长期听父母和周围人反复说话，并要求他们听到口语后产生行为反应的结果。

（3）具有听的理解能力，说话能力会自然产生

儿童通过长期听力训练，逐步听懂、领会、理解人们所说的言语，并做出恰当的行为反应。儿童一旦有了一定的听力理解能力，建立了一定的听力基础，说话能力就会水到渠成，自然产生。因此，"听"是说、读、写能力的基础，说、读、写的能力只有在"听"的基础上才能获得发展，在未能把握听力之前不应急于说话表达。

（4）儿童听的大多是命令句

儿童习得母语的过程最初听到的大多是口头命令句，听口头命令句，并做全身动作反应，在长期听懂命令句的基础上再学会口头话语，并用语言做出反应。

3. 大脑左、右两半球侧化理论

大脑左、右两半球侧化理论认为，左脑半球主管语言、数学计算等逻辑思维，而右脑半球则主司动作、音乐、图像等形象思维。

成人学习或习得语言的过程与儿童习得语言过程雷同。成人首先通过右半脑动作活动与语言相联系。右半脑动作先开始活动，左半脑才同时开始观察和学习。一旦右半脑有足量的学习动作产生，左半脑语言活动就被激活。

4. 减轻心理压力

人本主义心理学对TPR起了重要的推动作用。它对人的心理情感意志、需要层级价值取向、潜能和创造才能等方面的独到理念，直接影响到当时蓬勃发展的TPR的外语教育教学改革。人本主义心理学关于降低学生学习心理压力的观点，有利于掌握语言内容、转变价值观。降低压力不仅有利于掌握所学语言知识与内容，而且也能促进人的价值取向、基本信念和态度的转变。例如，把外部压力、讥讽、羞辱、歧视等看作是对学生个人的精神威胁，学生就会对其采取防御措施或加以拒绝；而当外部威胁、压力降到最低程度时，并处在相互信任的情境之中，学生就能比较容易集中注意力、辨别、理解吸收、记忆和运用所学语言知识和内容。

（二）全身反应法的语言理论基础

其具体体现在以下几个方面：

1. 听力基础上发展口语能力，口语能力基础上发展书面语能力

无论从人的种族，抑或是个体首先习得的是口语听力，继而发展听说口语能力，然后在口语能力的基础上习得书面语能力。口语是第一性的，书面语是第二性的，而听力的习得又先于说话能力的发展。

2. 祈使句型是教学的核心

祈使句是语言句型或语法结构之一，而祈使句型是 TPR 外语教学的核心，而动词又是祈使句的核心要素。全身反应法认为，外语教学须围绕祈使句型及其动词作为核心进行教学。

3. 习得认知语言图式和语言语法结构

语言由抽象和非抽象两个部分组成。而语言非抽象部分大多数是以具体名词和祈使句的动词呈现的。学生不使用语言的抽象部分，就能习得一份详细的"认知图式"和一种"语言的语法结构"。

4. 语言整体内化

语言作为一种句型结构，如祈使句型结构，是一个被学习者整体吸收和整体内化的过程。大部分句型是作为整体被内化的，而不是单个词汇项目内化。因此，在语言学习和交际运用时，句型作为预制板能起主导作用。

二、全身反应法的基本原则

（一）师生关系

师生关系观认为，教师起直接和积极的作用，而学生则是聆听者和说话者。形象地说，就是"教师是一场戏的导演，学生是演员。教师决定教什么，用什么新教材，由谁扮演什么角色"。教师依据选择教材的内容，或以祈使句为核心框架设计教学。教学伊始，教师用外语发出指令，提供给学生最佳听言语的机会，让学生个人或集体根据教师指令做出全身动作反应，并逐步内化所学语言内容和规则，逐步形成认知图式，学生只是一个听众或在导演指导下的一位演员，无权决定学习内容。当然，全身反应法也要求：教师在写教案时，需要写出全部所教内容的正确意思，这是教师的聪明之举，尤其是在写新要求内

容时，必须写得正确。这是备课优良、组织好课以达到课堂教学流畅、有序和预期目标的必要前提。

教师的作用不是教给学生内容的多寡，而是提供给学生更多次的实践机会。教师要呈现最佳指导性的目标语言，以便学生能以最佳的目标语言内化语言结构。因此，教师是语言输入的掌控者，而学生则是语言输入的接受和吸收者；教师提供新语言材料的认知图式，而学生则动脑进行加工处理，形成语言认知图式。诚然，教师也期望学生相互之间发挥创造性运用语言的能力。

（二）听力发展先于说话能力

听力发展先于说话能力，听力领先是极为重要的原则。教学伊始，首先培养学生的听力理解能力，然后在听力的基础上发展学生说话表达能力。只有充分建立在听力理解的基础上，说话能力才能自然产生。如若听和说两种技能同时训练，由于缺少听力理解的基础，学生不仅对说话难以做好能力和心理上的准备，而且又常因说不出或容易说错而造成学习负担，增加心理压力，影响语言学习。

（三）通过动作发展听指令的理解能力

通过动作发展听指令的理解能力是英语教学的关键。依据大脑两个半球侧化理论，语言听力理解逻辑思维与动作形象思维相结合能加速理解和发展听的能力。听指令的理解能力与全身动作相联系不仅易于理解，而且也便于记忆。听指令是语言交际的基本能力之一。语言的大多数词汇项目和基础语法结构都可通过指令配合动作进行教学。因此，通过全身动作发展听指令的理解能力是语言教学的关键。如无全身动作的配合，一个新词语或一个祈使句型即使多次重复操练，对学生来说也仍然是一串噪音，难以理解。

（四）听力内化语言结构，说话自然发生

学生学习语言首先需要建立听力理解能力。吸收有了听力内化语言结构的基础，说话能力就会自然产生。学习语言伊始，首先发展听力理解能力，不可强迫学生提早说话。只有听力领先，学生一旦听力理解足量所学词语和语言结构，就能将词语和语言结构内化成认知结构，说话能力就会水到渠成，自然产生。如若强行给学生施加压力，强迫学生提早说话，就会引起学生的紧张情绪，干扰、抑制大脑思维活动，事与愿违。

（五）有准备的说话

为了减轻学生的思想负担和心理压力，允许学生做有准备的说话。因此，教师并不勉

强学生在无准备的状态下做说话的操练。

（六）教学强调语言意义，而非语言形式

任何语言都有意义和形式两个方面。语言的意义与形式是一个硬币的正反两面，相互不可分割。在处理语言意义和形式之间的关系时，存在着两种截然相反的理念，一种是以语言形式为主，语言意义为辅，如语法翻译法就是以语法为纲或以语言学习为主；强调语言意义，而非语言形式，旨在发展学生的听说能力和交际能力，而语言形式为发展交际能力服务。

（七）容忍学生所犯的语言错误

除发音外，教师对学生所犯的语言错误应抱有容忍态度。但 TPR 主张学生之间相互纠正所犯语言错误。而且，随着学生学习的发展和深化，教师的干预则有所增加。

（八）降低学生心理压力

减轻学生学习紧张情绪和降低学生学习心理压力，不仅能促进学生理解和运用语言的能力，而且又能营造轻松愉快、生动活泼的课堂气氛。

三、任务教学法

任务型语言教学正是诸多交际教学途径中的一种。可以说，任务型语言教学的教学思想仍然是在交际语言教学思想的理论框架之内。其主要的教学原则和理念与交际语言教学的主张是相同的。任务关注的是学生如何沟通信息，通过交流互动解决交际问题，而不是强调学生使用何种语言形式；任务具有在现实生活中发生的可能性；学生应把学习的重点放在如何完成任务上，对任务进行评估的标准是任务是否成功完成。从以上不同的任务界定我们可以看出，对任务主要有两种看法。一种认为任务包括所有学生在课堂上要做的事情，包括学习语言形式的活动，如语法练习和有控制的操练活动。任务不一定是交际性的，也可以是机械性的、重复性的；另一种观点则认为任务与交际之间有必然的联系，任务的目的就是意义的交流，那些以语言形式为焦点的活动（如语法、语音及词汇练习）都不是任务，只能是"练习"。

任务型语言教学的特点有：

第一，重点关注的是学习的过程，而不是学习的结果。

第二，强调交际与有意义的活动和任务。这些有目的的活动和任务是学习过程中最基

本的成分。

第三，学习者是在参与活动与完成任务的过程中，通过交际性的和有目的的交互活动掌握语言的。

第四，需要学习者完成的任务活动既可以是生活中真正的任务或活动，也可以是在课堂内为了教育目标而设计的任务或活动。

第五，在任务型大纲中，任务与活动是根据任务难度来排列的。

第六，任务的难度取决于一系列的因素。如学习者过去的经历，任务的复杂程度，完成任务所需的语言以及完成任务时有哪些可以得到的支持等。

任务型语言教学的理论基础来自许多方面，有心理学、社会语言学、语言习得研究、课程理论、学习理论、认知理论、心理发展以及教育理论等。但它最重要的理论基础是语言习得理论和社会建构理论。

社会构建主义理论认为，学习和发展是社会活动和合作活动。这种活动是无法教会的。知识是由学习者个人自己构建的，而不是由他人传递的。这种构建发生在与他人交往的环境中，是社会互动的结果。它强调学习者个人从自身经验背景出发，构建对客观事物的主观理解和意义，重视学习过程而反对现成知识的简单传授。它强调人的学习与发展发生在与他人的交往和互动之中。教学应该置于有意义的情景中，而最理想的情景是所学的知识可以在其中得到应用。学生个人的发展是教学的核心，因此，教师在组织教学的过程中，要特别注意以学生为中心，注重在实际情境中进行教学，尽可能多地为学生提供丰富的语料和语境，将学生校外的生活经历与校内的学习活动联系起来。教师最重要的作用是激活学生的内在知识系统。社会构建主义理论支持下的任务型语言教学主张学习过程应充满真实的个人意义，要求外语教师学会促进学习者的全面发展、学习能力的发展、积极的情感因素和健康人格的发展。

任务型教学所遵循的原则是：

第一，互动性原则：互动途径本身是学会交际的最佳途径。重视互动作用还隐含了其他有助于语言学习的原则，包括合作学习原则、内在动机原则以及与情感相关的冒险原则等（成功的学习者乐于冒险）。

第二，语言材料的真实性原则：语言是文化的载体，从某种意义上说，学习一种语言就是学习一种文化。引进真实文本的意义在于：真实文本使学习者直接接触目的语文化，有助于获得对目的语的真实体验。强调引入真实文本有利于培养学习者的文化意识，语境意识。

第三，过程原则：让学习者体验学习过程是任务型学习的宗旨之一，在某种情况下学习过程是第一性的，而学习内容是第二性的。另外，交际是一个过程，交际能力的获得也是一个过程。任务型教学使得学习者在完成任务、用语言解决问题的过程中，感悟语言、内化语言、学会交际。

第四，重视学习者个人经验对学习的促进作用原则：任务型教学坚持有效的语言学习不是传授性的，而是经历性的，这体现了对学习者主体地位的确认和关注。学习者个人经历对学习的促进作用：一方面表现为对学习活动的积极的认知参与，另一方面表现为学习者个人原有的知识结构、经验背景以及对认知客体的兴趣情感将促进学习者将新习得的信息纳入原有的认知结构，使原有认知结构得以丰富扩展或调整修正。

第五，课堂语言学习与课外语言使用相关性原则：任务型教学注意到了传统语言教学与社会实践脱节的问题，并试图予以克服，它旨在把语言教学真实化和课堂社会化。真实和与生活中的任务相似也是任务型教学中选择"任务"的标准，以保证大多数学生认为有兴趣、有价值和有动力，学生也会竭尽全力去做并从任务的完成中获得自我愉悦感和成功感。

综上所述，"任务型教学"反映出外语教学目标与功能的转变，体现了外语教学从关注如何教到关注如何学，从教师为中心转为学生为中心，从注重语言本身转到注重语言习得与运用的人的变革趋势。从语言教学的角度看，任务型教学的直接目的是要为学习者提供自然的语言学习环境，培养学生应对真实生活中交际问题的能力。完成任务的过程能产生大量人际交流互动的机会。"任务型教学"一定程度上把语言能力目标与生活工作能力目标联系起来，通过完成任务学会交际已超越了语言学习本身。

第三章
大学英语教学模式的建设与创新

第一节　大学英语教学模式的多视角阐释

一、课程建设的必要性

以学术英语和研究性学习为新定位的大学英语教学改革已经引起了国内外专家的重视。课程建设的必要性表现在：

首先，可以给大学英语改革带来新的动力。当前大学英语课程教学主要问题在于大学英语教学仍然以普通基础英语为主要教学内容，不具备实用性和社会交往性，无法适应经济发展的需要，课堂教学内容与就业需要关联不大，无法形成学生主动学习的内驱力。因此，以培养学生学术书面和口头汇报能力为目标的大学英语"研究型"课程可以给大学英语改革带来新动力。

其次，可以满足新一代大学生对大学英语课程的需求。大学英语课堂上学生沉默，学习懈怠以及出现课上不学、课后上培训班的现象，主要是因为现有大学英语的课程设置和授课方式没能很好地迎合新时代学生的需求。新时代大学生在网络和多媒体环境下长大，他们的用于日常交际的英语能力较过去的大学生有很大进步。基于计算机和网络的教学模式，强调了培养大学生英语综合应用能力。因此，应针对新一代大学生同一时间能承担多重任务，通过感官学习、反馈快速等特点，调整教学定位，为社会培养能熟练使用英语的工程技术人才。

再次，可以推进教师职业化进程。提高人才培养水平，最根本的是提高教师质量；提高大学英语教学质量，最根本的也是提高教师教学水平。尽管近年来大学英语教师队伍建设取得了稳步发展，但这支队伍的业务水平和教学能力还不能完全适应大学英语教学改革的新要求，表现在观念陈旧、教师角色转变等问题上。因此，在新课程体系建设的背景下，教师必然要更新观念，转变角色，提高学术水平和教学水平。

二、整体化教学法在英语课堂教学中的应用

（一）导读

导读好比那种介绍背景、人物故事情节以至高潮的电影预告节目，能使学生对阅读的内容有个预先的了解，从而提高理解能力。英语教学中必须注意它的文学性。在导读中对课文的文学作品的作者、背景及人物传记等应该用英语向学生做概括的介绍。教师要不失时机地介绍他们的生平和所选课文的背景知识，这样做，既扩充了学生的知识，又为学生提供了听的有益材料。在这基础上让学生听录音，以激发学生的阅读欲望，提高他们的能力。知识是能力的基础：一个人的知识越丰富，那么他的思维就越活跃，创造能力就越强，阅读能力也会得到相应的提高。

（二）阅读

教师的责任在于组织学生的认识活动，提高学生的自学能力。我们在教学中不仅要给学生以面包，更要给学生以猎枪。对于语言来说，形为意先，意为形用。我们在教每篇课文时都应该经历一个先泛后精的过程，制定 Reading Purpose，利用一课时让学生通读全文，指导他们哪些要略读，怎样猜测词义，怎样找出主题句、过渡句，等等。迅速正确地理解段落是培养学生阅读能力的进一步要求，在教学中引导学生用英语找出段落大意，这是培养学生分析和概括能力的有效途径。在整体教学实践中可采用四步教学方法：即指导好课前课文预习；反复阅读整篇课文，逐步加深理解课文的内容；学习课文的语言结构；运用课文的语言结构。这四个步骤是一个整体，相辅相成，抓住整体求侧面。

（三）叙述

1. 模仿叙述

任何创造均始于模仿，模仿叙述是创造叙述的准备。通过叙述有助于学生理解课文、丰富词汇和提高口头表达能力。

2. 创造叙述

创造叙述是叙述的高级阶段。引导学生在叙述中联想，在叙述中创造，启发学生突出作品的关键，发展故事情节。采用的方法有拟人化法、改换体裁法、分配角色法、变换人

称法、综合法等。

(四) 讲评

英语学习是实践—认识—再实践的过程。所以我们说，课外作业布置和批改是教学中的一个重要环节。在批改和讲评学生的过程中，必须遵循教师的主导作用和学生的积极性相结合的原则。

发现法就是学习法，就是说不仅要教会寻求事物，而且要动脑筋寻求获得知识的方法。我们在作业的过程中启发学生发现问题，提出问题，鼓励他们开动脑筋，自己解决问题。教师抓住提示、疏导、设疑、释疑这四个环节，发动学生自己改错，自获结论，从而逐步减少教师对学生学习的控制。

对于学生的作业全由教师收来"精批细改"并无多大益处，而是应该采取师生结合批改的方法。我们可采取学生自改、学生互改、教师评改、共同讨论这四个步骤，从而对错误进行分析，经过错误识别、错误释义和错误解释三个过程，创造活跃的智力背景，开阔学生的思路，巩固所学知识。

教师在批改作业中应该养成这样一个习惯：罗列学生的错误，归纳错误类型。然后展示给学生，引导学生自己纠错。

改错法是贯彻发现法的一个很好的途径。学生在改错中比较，在比较中鉴别，在鉴别中掌握知识。发现问题是解决问题的前奏。教师在评述作业中让学生自悟，促进知识的内化，这就是教师的主导作用。

导读、阅读、叙述和讲评是贯彻整体教学法的四个重要环节。把课文作为一个整体来教，这是符合学校情况的教学方式，通过符合学情的教学方式进行系统的控制，可以取得最优的教学活动效率。

三、社会对大学英语教学模式的影响

(一) 对教学内容的影响

1. 教学内容要求信息化

科学活动和教育活动的水平不断提高，规模不断扩大，它们是全社会组织起来，在内部具有良好的运作机制，在外部具有恰当的连接机制的社会体制，得到全社会的高度尊敬和重视。人际间、地区间、国家间的交往手段由于信息技术的突破，获得巨大的发展，知识和资源共享的可能性日益扩大，这不但改变了人们的生活方式和工作方式，而且是社会发展和人类活动的国际化在全球范围内急剧加快。这是最令我们关注的当代世界的发展趋势：信息化和全球化。

"信息化"不是单纯地因为符号知识的量的积累，也不是单纯地因为出现了计算机、通信网络等能够迅速、高效地处理符号数据的"信息技术"，更不是由于知识本身突然获得了某种神秘的力量而能取代以前的物质财富的地位，成了"先进经济的最重要资源"。"信息化"本质上是由于生产力的进步，各门科学技术的普遍发展，是人类生产和社会组织程度越来越高的有序化的过程。

社会生产方式的信息化势必深深地影响大学英语教学课堂。现行大学英语教学内容文史类课文偏多，专业局限性强，练习配置走不出语言点的圈子，学生重复着中学时期的"背单词、抠语法"的老路。其所产生的效果不是使学生在大学时期的英语水平大幅提升，而是仅增加了一些词汇量，巩固了语法知识。因此，我们的教学内容在信息化方面应有所突破。

2. 教学内容要求多样化

社会经济的快速发展，促进整个社会生活方式发生巨大变革，信息的快速、频繁传递给人们的思想观念带来极大变化，人们早已不满足于以前的田园牧歌式生活，追求新奇、感受刺激成为现代人尤其是现代年轻人的时尚。反映在大学课堂上就是课堂内容要求不断更新换代，抱着几年、几十年不变的教材"满堂灌"早已成为学生厌学的首要根源。

所以，为适应形势需要，既可以增加与当前世界经济社会发展，以拓宽学生的知识面，也可相应增加一些可供背诵的经典短文，以陶冶学生的审美情趣，使他们领会英文的真正魅力。还可增加现代报刊杂志内容，增加科技英语内容，增加应用文题材内容，如广告、商业书信、电传、电报及合同等，使学生视野开阔，拉近与世界的距离，把握现代英语的发展趋势。学习英语的目的是表达、沟通和交流，英语课堂教学应是一种师生互动的交际模式，着力于学生主体语言能力的生成与拓展，它是一个动态的、双向的语言信息交互过程。而同一层次上，把英语学习当成一种知识培训，而不是当成技能培训，讲解以语法、语言点和词汇为中心，过分强调死记硬背、满堂灌，在实际应用中很少强调英语的学以致用，这就造成大学英语学习只能停留在语言学习的最表层，结果大学生熟知英语的语法结构和词汇，却不知如何进行口头表达。

（二）对教学方式的影响

现代的青年学生成长于我国改革开放后，接受流光溢彩的现代文化熏陶，早已习惯于互动、色彩音像等现代信息传播模式。因此，课堂上教师手捧一本教科书，枯燥且乏味地从头讲到尾实在是不受欢迎。

课堂教学模式也应适应社会节奏快的形式,符合青年学生的活泼性格。

教师应加强对学生的学习指导,引导学生多动提高学习效率的脑筋,丰富课外英语学习,如指导学生怎样通过各种媒体学习,如何有效地使用各种工具书,如何用英语完成某些相关的任务等。还可以开展灵活多样的教学活动,如在学生中组织英语会话沙龙,经常举办英语小品汇演,不定期邀请外教或外国留学生与学生交流,定期在校内影院放映英语原版经典影片,经常组织英语教学专家和外国专家开办英语讲座等。还可根据不同专业的特点,做一份现实的科技、商贸资料;搞一次模拟导游,模拟外事接待;自办一期英文小报,搞社会调查并写一份英文报告,鼓励学生在因特网上参与某一热门话题的讨论,等等。这些不同的授课模式都可以激发学生学习英语的兴趣,拓展视野,提高动手、动口能力。

(三) 教师所需要的发展

教师作为英语教学中最重要的一环,其教学思想和教学风格直接影响到学生学习英语的效果。在实际教学中,应从自己的教学特长出发,采用启发式、引导式和开放式等教学方式,引导学生成为课堂的主体。应改变注重语言知识教学,轻视语言表达能力培养的状况,加强有针对性、实践性、实用性并具有创造性的英语口语练习,可以开设听力会话课,针对精读或听力的内容进行口头问答或讨论交流,使听和说的能力同时得到加强。在教学中,还应尽可能增加国外交际常识、文化背景、民风民俗等方面知识的教学,加大学生跨国文化的知识面,以消除交际中因文化差异而导致的语言障碍和失误。

既然我们目前的教育业已转向市场行业,教师也应树立品牌意识,精心打造自己,使自己成为经受得起市场考验、受学生欢迎的名牌精品。如教学方法精益求精,学术追求创新,掌握信息技术。

四、微观角度透视当代中国大学英语教学模式

在求知的路上要读点哲学书籍,利于思想体系的丰富、完整。作为哲学领域一个分支的美学,也理应受到我们的关注。而且,若利用得当,美学会对英语教学起着不可估量的作用。

文本是指与读者发生接触关系前的自在状态,是属于作者的东西,具有意义势能;在审美主体与作品发生鉴赏关系后,作品已由作者创造的对象,变成了由鉴赏者继续创造的对象,作品的意义势能已经转变为动能而做功。在英语教学中,我们不能要求学生做这样

的纯美学的鉴赏主体，但对文本的基础意义决不应断章取义。

（一）英语教学与美学在理论上的结合

1. 师生互为审美主客体，英语为双方共同的审美客体

人类的审美活动是人类一切活动中最基本的活动之一，对美的追求是人类的一种永恒追求。人类对世界的改造，也总是按美的规律来进行的，而且这种改造活动总是从不自觉走向自觉的。英语教学课堂，实际上也是一种人们改造世界的实践活动。教师通过传授英语知识，使学生从对英语一无所知，到初步掌握，再到会灵活运用，最终达到用之于社会、改造社会的目的。这种实践活动是一种漫长而又艰苦的过程，经常伴随着失望与挫折。若再加上英语教学课堂的枯燥无味，师生不善于发现英语语言与言语中的美的规律，英语的教与学势必成为为教而教、为学而学的负累。

审美主体，指审美行为的承担者，它是精神活动、情感活动、自由生命活动的主体；审美客体，就是具有审美价值，能满足主体审美需要的客体。在英语教学中，教师与学生互为审美主客体，英语作为课堂上的目的性语言成为师生共同的审美客体。在课堂上，若教师把一堂课讲得错落有致、酣畅淋漓，不仅达到了教学目的，完成了教学要求，还让学生欣赏到了教师的讲课风采，领略了英语本身的魅力，激发了对英语的兴趣，那么，我们就可以说这位教师真正懂得讲课艺术，而且也理解英语教学中美的规律。同样，若学生很快领会教师的意图，与教师积极认真配合，对课堂美的气氛起一种推波助澜的作用，则此时教师就可作为审美主体来欣赏学生在学习和运用语言时所发挥出的创造力的美。

当我们说某物是美的，这就意味着我们对该物抱有一种肯定性的态度和情感，而这种态度和情感则是同该物对我们的身心有一种能引起愉悦感的作用相联系的。英语，作为英语课堂上师生共同的审美客体，自然有它本身的合目的性和合规律性。首先，随着全球经济一体化的加速发展，作为公认的、共同的语言交际工具的英语受到各国广泛重视，各种频繁的文化、技术交流要求人们在尽量不使用翻译的情况下能直接熟练地运用英语进行对话、谈判、信函等往来。因而，英语对于我国大学生来说，已成为将来进入社会的必备的谋生手段之一。所以，英语是符合社会发展需要、满足广大青年学生参与改造社会的愿望的，它是"合目的性"的。其次，美学中的"合规律性"是指事物属性因素的有规律组合，如整齐一律、调和对比、均衡对称、比例匀称、节奏韵律等。熟悉语言学的都知道英语语言学包括音韵学、音位学、语义学、修辞学等，专门研究英语语音的韵律、词形转换的均衡对称、语法的整齐一律、修辞的多样统一等。这一切表明英语有其内在的规律性。所以说，英语是符合美学规范的，关键在于我们要透过表象抓住其潜藏的美的规律。

2. 学习话语，培养审美兴趣

形象、生动、凝练、富于音乐性是文学话语的普遍特点。人们一般把话语分为普通话语和文学话语。普通话语是外指的，即指向语言符号以外的世界，普通话语必须符合生活逻辑，经得起客观真理的检验。而文学话语是内指的，即指向文本中的艺术世界，有时它可不必完全符合生活逻辑，只要与整个艺术世界氛围相统一就可以了。

3. 交际教学法中美学的存在

乐教之所以为古代教育家特别重视，是因为它不是一种强制性的教育手段，而是一种寓教于乐的、以心灵感化为特征的教育方式。

综观西方英语教学史，在历经语法——翻译法、直接法、听说法等后，交际语言教学法一直受到普遍关注，近年来在我国此种教学法也颇流行。交际法要求教师知道学习者的需要和兴趣，而且能设想出各种方法去利用这种了解选择语言输入，创造比较现实的练习语言的活动。教师应该比较灵活，能够成功地组织以教师为中心的、有控制的第二语言形式教学，又能组织比较自由的、控制不严格的练习提高学生的流利程度，还能够创造良好的、互相配合的课堂气氛。

在采用交际法进行英语教学时，若再有意识地应用美学思想，正确地引导学生发现英语的美，那么学生在学习的过程中会获得更多的轻松与愉悦。这也符合自然教学法中的"情感筛选"原则：情感筛选严格的学习者没有学习动力，使用第二语言时感到紧张与尴尬，所以能够习得的语言输入是很少的；有信心的、热情的学习者，情感筛选不太严格，他们会去寻求尽可能多的语言输入，而且其中大部分会被吸收。

（二）英语教学与美学在实践中结合的尝试

1. 听力训练中欣赏语音美

听力在学习语言过程中是极其重要的。按乔姆斯基的普遍语法说，人类先天就有对语言的感应。那么这种感应在后天90%是通过听来验证的。小孩子在蒙昧中听周围的说话声便学会了说某种语言，因而听力在学习英语中的重要性可想而知。我国学生在学英语时听力条件非常薄弱，没有足够地道的英语电视、广播，没有足够的外籍教师。因而，只能因陋就简，在两星期一次的听力课上引导学生领略纯正英语的音律美。英语不像中国的方块字，读起来字字铿锵，掷地有声。它是一种流线型的文字，高低起伏，似绵延丘陵，又似涂涂小溪，里面的重音及升降调，时时似峰回路转，又激起千层浪。再加上连读、爆破、弱音等各种语音形式，使得英语听起来颇有余音绕梁、韵味无穷的美妙。很多学生在中学时从未有过听力课,刚一接触语音室便如临大敌,紧张中茫然不知所措。绝大多数学生都是为听而听,为了考试过关只求做题准确,非常疲劳。这时,遵循美学原理中人类"乐生""乐教"的审美原则,耐心指导学生,放松心情,揣摩英语特有的韵律,而不盲求准确率与速度,并推荐其他教材细细品味、体验。在教学生用听写方式记录下磁带内容时,标出音调变化,以求对精听的内容理解正确。然后,让学生模仿纯正流利的语音语调,读出节奏,读出高低起伏,因而达到在听力训练中愉悦地吸收到英语语音美的目的。

2. 在课文讲解中展示英语的意蕴美

在美学原理中,主体审美尺度里的形式意蕴尺度指根源于人的社会文化心理结构和作为社会生命体的活动规律,它侧重于形式所蕴含的社会意义。这也正是给学生讲解精泛读课文时的重点所在。因为学习一种语言,不仅要学它的词汇、读音、语法,更重要的是学习语言形式所承载的社会文化信息,欣赏它展示给学习者的意蕴美。意蕴是指文本所蕴含的思想、情感等更深层次的东西,它所表现的内容可以归根于历史、现实社会或哲学范畴。

第二节 大学英语教学模式改革

一、大学英语教学改革的方向与趋势

(一)重视确立新型的大学英语教学模式

为了适应国家和社会发展需要,要创新人才培养模式,创新教育教学方法,倡导启发式、探究式、讨论式、参与式教学,激发学生好奇心,发挥学生主动精神,鼓励学生进行创造性思维,改变单纯灌输式的教育方法。新的教学模式应以现代信息技术,特别是网络技术为支撑,使英语的教与学可以在一定程度上不受时间和地点的限制,朝着个性化和自主学习的方向发展,改进以教师讲授为主的单一教学模式。这种新的教学模式应体现英语教学实用性、知识性和趣味性相结合的原则,有利于调动教师和学生两个方面的积极性,尤其要体现学生在教学过程中的主体地位和教师在教学过程中的主导作用。在充分利用现代信息技术的同时,要合理继承传统教学模式中的优秀部分,发挥传统课堂教学的优势。

由于计算机、多媒体和互联网的普及,可获得的教学资源愈来愈丰富,现代信息技术应用在教育和教学领域重要性日益为人们所认识。目前,随着多媒体和互联网技术的迅猛

发展，建构主义的学习理论与教学理论在西方日渐风行。建构主义学习理论主张以学生为中心，强调学生是信息加工的主体，是知识意义的主动建构者；认为知识不是由教师灌输的，而是由学习者在一定的情境下通过协作、讨论、交流、互助等学习方式，并借助必要的信息资源由学习者主动建构的。在建构主义学习环境下，"探索式""发现式"与"合作式"的学习过程是学生掌握学科内容的基本途径，也是以学生为中心教学模式中的基本教学形式。

随着计算机、多媒体和互联网等现代信息技术教育应创新人才培养所需要的。由此可见，信息技术与课程整合是改变传统教学模式、实施创新人才培养的一条有效途径，也是目前国际上基础教育改革的趋势与潮流。

（二）重视大学英语教材体系的研究和开发

教材是实现英语课程教学目标的重要材料和手段。教材为学生提供的语言材料是学生学习语言知识和发展语言技能的重要来源，教材中的语言实践活动和练习是学习语言知识和发展语言技能的重要过程和途径。选择和使用合适的教材是完成教学内容和实现教学目标的前提条件，高水平、高质量的教材对教师、学生、教学过程和教学结果都起到积极的作用。

目前，随着大学英语教学改革的深入和推进，大学英语教材体系也发生了翻天覆地的变化。英语教材在内容和形式上更新颖、更先进，而丰富多样的英语教材在推动大学英语课程改革方面发挥了重要作用。与此同时，英语教育界的学者和一线教师对教材的认识也发生了显著的变化。在大学英语改革的过程中，对教材研究重视和感兴趣的学者和教师越来越多。

大学英语教学改革使得教材格局逐步向开放和自由的方向发展，教师和学校在教材的编写、选择、使用等方面拥有更多的自主权。新的教材制度和格局对广大英语教师和英语教学研究者来说既是机遇又是挑战。为了把握机遇，应对挑战，各大高校应该积极开展有关英语教材的编写、评价、选择和使用等方面的理论和实践研究，挖掘自身潜力，为将来能够在英语教材的编写、选择、使用的过程中发挥应有的作用而创造条件。

（三）注重改革和完善大学英语测试与评价体系

大学英语教学改革在英语教学理念、课程设置、课程教材、教学方法、教学手段等方面深入进行的同时，很多高校认识到对大学英语测试和教学评价方式的改革也势在必行。大学英语测试与评价体系的配套改革问题，对整个大学英语改革的成败有重要影响。

从大学英语教学整个过程看，健全和完善的大学英语测试和评价体系应该包括起始性、形成性和终结性评价。但是，传统的大学英语教学中往往只关注和普遍接受终结性评价所传递的信息，而这种信息却往往远离教学的实际情况，不能全面而客观地反映教学中存在的问题。目前，很多高校已经意识到终结性评价的不完整性，如忽视学生的学习过程以及他们日常的学习行为表现。由于终结性评价方式是以考试成绩作为最终评价标准，这无疑在某种程度上强化了分数的作用，使得相当一部分学生学习英语的动机和目的就是为了升学或考试。这种工具型的学习动机，显然不易激发学生学习英语的积极性和持久性。同时，这种评价体制也极大地挫伤和遏制了英语教师对语言教学内容和方式进行改革和探索的积极性、能动性和创造性。

很多高校由此认识到，除非改变大学英语测试和教学评价的方式，否则就不可能根本改变教学的方法与过程。为了适应大学英语教学改革的需要，不少高校专门成立了测试团队，负责对本校的大学英语测试和评价体系的改革工作。

（四）大学英语教学的个性化和特色化日益凸显

传统的大学英语教学已经无法满足新的人才培养目标的需要，因此必须进行改革。在大学英语教学改革过程中，很多高校在注重保持原来大学英语教学优良传统的同时，也在努力进行大胆的探索与革新，敢于形成新的特色与优势，以适应培养新型的既精通专业又能熟练运用英语的复合型国际人才。很多高校明确提出大学英语教学要朝着个性化和特色化的方向发展，这是和各个高校各不相同的高等教育人才培养目标紧密相关的。此外，我国不少实力较强的综合类大学也逐渐形成了具有自身特色的培养模式。这类大学在明确学校人才培养目标的前提下，根据学校特点制定出相应的大学英语培养目标，然后进行一系列相关的配套改革。

二、大学英语教学模式改革的可选择策略

（一）以教师为中心的教学模式

以教师为中心的教学模式具有一些显著的特点，在这一教学模式中教师是知识的传授者，是主动的施教者，并且监控整个教学活动的进程；学生是知识传授对象，是外部刺激的被动接受者；教学媒体是辅助教师教的演示工具；教材是学生的唯一学习内容，是学生知识的主要来源。

这种模式的优点是有利于教师主导作用的发挥，便于教师组织、监控整个教学活动进

程，便于师生之间的情感交流，因而有利于系统的科学知识的传授，并能充分考虑情感因素在学习过程中的重要作用。其严重弊病则是：完全由教师主宰课堂，忽视学生的学习主体作用，不利于培养具有创新思维和创新能力的人才。可以说，这种模式培养出的绝大部分是知识应用型人才，而非创造型人才。

（二）以学生为中心的教学模式

以学生为中心的教学模式以建构主义理念为基础发展起来的。进入20世纪90年代以后，随着计算机、多媒体和网络技术的日益普及，这一模式得到迅速推广。以学生为中心的教学模式具有以下特点：学生是信息加工的主体，是知识意义的主动建构者；教师是课堂教学的组织者、指导者，是学生建构意义的帮助者、促进者；教学媒体是促进学生自主学习的认知工具；教材不是学生的主要学习内容，通过自主学习，学生主要从其他途径获取大量知识。

在建构主义理念下，学习是以学生为中心的学习，学习的主要目的是满足自身求知的需要，学习者用发现法、探索法等方法进行学习。学习者在整个学习过程中扮演重要的角色，处于主体地位，而教师在整个学习活动中处于从属地位，起辅导、引导、支撑、激励的作用。同时，建构主义的学习观把学习看作是社会性、真实性的学习，学习者如遇到疑难问题或有感到迷惑不解的问题，可与其他学习者讨论解决，也可通过请教教师的方法解决，在整个学习过程中学生都处于与他人的密切联系之中。建构主义理念下的学习重视学习目标的指引和建构，提倡累积性的学习。学习者自己设定学习目标，在既定的学习目标的指引下将当前的学习内容与先前的学习内容相联系进行学习，并在对新信息加工的同时将其与其他信息相联系，在保持简单信息的同时理解更复杂的信息。只有当既定的学习目标得到实现或形成时，学习者的学习行为才被认为是成功的。

第三节 大学英语教学模式与课程建设

一、以学生为中心的有效英语教学模式

有效英语教学模式以传授与某专业有关的英语语言知识和技能为目的，在教学上注重为学生提供更多的机会参与以英语为媒介的课堂活动，有效锻炼学生的交际能力。强调运用"以学生为中心"的真实任务和活动来实施课堂教学，要求不仅体现在阅读技能的训练

上，还体现在听、说等其他几种技能的训练上。教学中强调培养学生的交际、团体合作能力和思维、口语能力。针对岗位要求，使学生学会学习，为学生思维能力、表达能力、应变能力、创新能力和科研能力的培养提供了良好的机会。高校英语教学应强调理论知识的实用性。课堂教学"以学生为中心"，积极为学生创设有效的学习环境和氛围，调动学生自主性学习、创新性学习的积极性，加强对学生学习的指导与帮助。在高校英语课堂教学中，应注意以下几点：

（一）以学生为中心充分运用情境式教学

课堂教学是教学的基本形式，其效果的好坏直接影响学生对语言的习得。基于学生需求的教学目标决定了英语教学必须"以学生为中心"。教师要设计丰富多彩的课堂教学活动，根据不同的课程需求、不同学习者的语言水平，采用灵活多样的课堂学习任务，让学生"action learning"，提高学生的自主学习能力和参与能力，使教师成为学生的合作者。教师可以根据教学内容，创设出特定的场景，让学生通过看、听、说和角色扮演，再现课文所描绘的情景表象，使学生仿佛身临其境，充分发挥自己的想象力，强化训练，提高运用语言知识和获得语感的能力。这种方法使课堂成为双向交流与互动的实践场所，可以极大地提高学生的学习兴趣。案例分析、项目研究、角色扮演、模拟和小组讨论等方法对英语教学都非常有效。如高校旅游英语口语训练很多都是在特定场合下发生的，如入住宾馆、饭店进餐、景点讲解等。教学中可以通过对导游活动中实际情景的模拟，比如接待客人的时候如何致欢迎词、如何办理酒店入住手续、如何向客人说明行程安排等，让学生掌握一般旅游活动中的基本流程和基本技能。通过会话训练、阅读训练、翻译训练，使学生能够承担一般旅游活动中的英语交流工作，翻译基本的英语材料，用英语介绍指定的旅游景点等。

（二）利用多媒体技术创设岗位语言环境

高校英语课堂须传授的知识面广、内容多，而课时数又有限，教师很难在有限的理论课教学时间内既将重点、难点讲透，又扩充学生的知识面。因此，必须借助先进的多媒体技术来设计高效的高校英语教学过程。

现代计算机技术的发展为此提供了先进的教学方法和资料。学生在课堂信息量大，通过图片、文字的演示，超级链接各种相关资料，使学生在课堂教学的有限时间内接受大量的信息，扩大学生的知识面。对于一些复杂的内容，教师可以收集有关的插图、图表、案例等插入其中，使问题变得直观简单。

多媒体技术还有利于学生学习兴趣的培养和听说读写综合能力的提高。语言交际能力的培养要求首先有大量真实语言材料的输入，再通过反复操练和实际运用，逐渐转化成学习者内在的语言能力。英语教学听说读写技能的培养，离不开大量的语言输入和一定强度的技能训练。教师可以设计教学模拟软件，创设学生目标岗位的实际环境，在多媒体上虚拟实际工作环境中的操作情景，使学生直观地认识岗位环境中英语的运用，把理论教学和实践教学有机地融合在一起，让学生在电脑上直接实现人机交互，完成一次能力的真实体验。利用先进的多媒体技术，让学生模拟实习各种商务活动，熟练掌握导游解说技巧和进行各项专业语言训练，从而达到良好的教学效果。教师还可以利用多媒体教学，给学生播放国外旅游的导游过程，让学生来翻译一些简单的句子，通过听说练习，大大提高了学生的学习热情。多媒体教学使学生在轻松活泼的课堂氛围中感受和掌握目标岗位所需的语言应用能力。

在课外拓展练习时，还可以在语音试验室里利用全数字语言学习系统让学生自主进行听力练习和句型操练，真实语境模拟、语言游戏、问题解答等，使课堂教学变得生动，学生更乐于参与课堂交际活动。此外，网络也是一个重要的途径，它不仅可以提供最新的高校教学信息资源，还可以建立英语聊天室，利用学生感兴趣的网络虚拟环境进行英语交流，提高学生的专业知识水平和英语运用能力。高校还可以用网络连通学生、教师和企业，建立教学与就业的直接联系，实现外语教学的全方位、立体化，为学生获取资料、学习实践、顺利就业开拓更广阔的天地。

（三）结合专业英语提高课堂教学效率

高校英语教学与专业英语教学应是彼此融合、互相渗透的，教师在课堂教学过程中要有意识地将基础英语教学与专业英语教学相结合。根据专业特点和就业需要，指导学生优化学习方法，掌握英语应用的能力，引导学生在实践中去发现问题、分析问题、解决问题，使学生从被动地接受单纯的理论知识转变为主动运用理论知识和学习方法来提高英语应用能力。如在一些句型操练时，可以穿插专业名词，在选择课外阅读材料时，可以采用一些内容稍浅的、实用的、有代表性的专业文献，让学生自己上网查找一些专业术语词汇。在一些教学图片、道具、场景的选择上，要尽量往专业靠拢，培养学生在专业岗位场合使用英语的能力。在教学句子长、结构复杂的专业英语时，也可按基础英语的分析模式来分析、简化句子结构。比如，教学旅游英语时，为了提高学生的学习兴趣，可以采用基础英语教学的听说训练方法，从简单的介绍学院的建筑、风景练起，在一些句型结构的帮助下，让学生用英语简单地描述，并逐步加大句型难度和词汇广度。同样地，教师还可以要求学生注意观察生活，收集身边出现的一些产品说明书或英文介绍，教师在课堂上进行讲解，并让学生进行场景模拟。例如，在学习和导游相关的英文后让学生在校内现场导游，学生能迅速进入角色，把具体的景物和英语词汇、句型联系起来记忆，印象会更加深刻，从而提高教学效率。

二、任务型教学模式下学生自主学习能力的培养

（一）任务型教学模式的含义及特点

1. 任务型教学模式的含义

任务型教学（Task-Based Learning）是当前交际法发展而来的。它是 20 世纪 80 年代外语教学研究者经过大量研究和实践提出的一个具有重要影响的语言教学模式，该模式是 20 年来交际教学思想的一种发展形态，它把语言运用的基本理念转化为具有实践意义的课堂教学方式。学生在教师的指导下，通过感知、体验、实践、参与和合作等方式实现任务的目标，感受成功。该模式提倡"意义至上，使用至上"的教学原则，是一种以人为本，以应用为动力、目标和核心的教学途径，要求学习者通过完成任务，用目标语进行有目的的交际活动。

任务型教学模式中的"任务"可分为两类：一类是"教学任务"，即学生在课堂上的学习活动；另一类是"真实任务"，即在日常生活中从事的各种各样的事情。"任务"中的问题不是语言问题，但需要用语言来解决，学习者使用语言并不是为语言本身，而是利用语言的"潜势"达到独立的交际目的。

2. 任务型教学模式的特点

任务型教学模式是交际法的一种新的形态，是交际法的发展，而不是交际法的替代物；任务型教学强调教学过程，力图让学生通过完成真实生活任务而参与学习过程，从而让学生形成运用英语的能力；任务型教学虽然强调学生运用英语进行交际的能力，但从更广泛的层面强调培养学生的综合运用能力；任务型教学强调以真实生活任务为教学中心活动，修正了以功能为基础的教学活动中存在的真实性不足的问题；任务型教学要求教学活动要有利于学习者学习语言知识、发展语言技能，从而提高实际语言运用能力。

（二）任务型教学模式的可实施性

1. 教学内容的设定

在英语教学中首先要设定任务的目标，即通过让学习者完成某一项任务而希望达到的

目标。它可以是培养学习者说英语的自信心,解决某项交际问题,也可以是训练某一写作技巧等。其次,输入材料必须具有真实性,应以现实生活中的真实交际为目标,使学习者在一种自然、真实或模拟真实的情景中体会语言,使学习语言不再局限于教材。再次,要根据教学材料设计相应的多种教学活动。任务的设计要由简到繁,由易到难,前后相连,层层深入。形式是由初级到高级任务,再由高级任务涵盖初级任务的循环,并由数个微任务构成一串"任务链",使教学呈阶梯式,层层推进。

任务型教学模式可根据不同层次学习者的英语水平创造出不同的任务活动,在充分体现以学生为主体的教学理念的前提下,让学生通过与学习伙伴合作、协商去完成任务。整个学习过程充满了反思、顿悟和自省的活动型的学习方式,从而可最大限度地调动学习者学习的积极性和主动性,提高他们发现问题和解决问题的能力,发展他们的认知策略,培养他们与人共处的合作精神和参与意识,并在完成任务中体验成功的喜悦,获得成就感,实现自我的价值。

2. 任务设计的原则

首先,任务的设定要具有真实性和功能性。在任务设定中所使用的教学输入材料应来源于真实的生活。但"真实"是一个相对的概念,它可以是来源于出现在课堂教学的教材,但同时教师要创造出一个新的语言环境,并根据学生在该任务中所学到的知识点提出一个需要解决的(交际)问题,选择真实性事件或情景作为驱动学生学习的动力性任务,它可使学生在完成任务过程中运用刚学过的语言知识解决某一情境下的交际问题,也可使学生运用已有的语言知识、策略及技能来探索运用英语的规律。学习者在学习英语的过程中普遍存在着语言脱离语境、脱离功能的现象,即学习者可能掌握了语言不同的拼写形式和相应的含义,但不能以适当的形式得体地表达意义和功能。而任务设计的原则是在真实性原则的基础上,将语言形式和功能的关系明确化,让学习者在任务履行中充分感受语言形式和功能的关系,以及语言与语境的关系,从而增强了学习者对语言得体性的理解。

其次,任务的设定要具有连贯性。"任务依属原则"(Task Dependency Principle),即课堂上的任务应呈现"任务链"或"任务系列"的形式,每一任务都以前面的任务为基础或出发点,后面的任务依属于前面的任务。换言之,一堂课的若干任务或一个任务的若干子任务应是相互关联的,具有统一的教学目的或目标指向,同时在内容上相互衔接。因此,这样的任务系列就构成一列教学阶梯,使学习者能一步一步达到预期的教学目的。

最后,教学任务的设定要具有实用性、可操作性和趣味性。英语课程不仅应打好语言基础,更要注重培养实际使用语言的能力,特别是使用英语处理日常和涉外业务活动的能力。因此,在任务设计中要避免为任务而设计任务,任务设计者要根据学习者的专业特点和他们将来就业方向的特点来设计教学任务，并尽可能为学习者的个体活动创造条件，利用有限的时间和空间最大限度地为他们提供互动和交流的机会，从而达到预期的教学目的。在英语教学中普遍存在着教学任务多，但课堂时间少的现象，因此在任务设计中要尽量避免环节过多、程序过于复杂的课堂任务，必要时可为学习者提供任务履行或操作的模式。任务型教学法的优点之一就是通过有趣的课堂交际活动有效地激发学习者的学习动机，使他们主动参与学习。因此，要尽量避免机械的、反复重复的任务类型，取而代之的是形式多样化的、趣味性的课堂教学任务。

（三）任务型教学法的基本原则与教学过程

任务型教学法是指"将任务置于教学法焦点的中心，它视学习过程为一系列直接与课程目标联系并为课程目标服务的任务，其目的超越了为语言而练习语言"，即一种将任务作为核心单位来计划、组织语言教学的途径。

任务型教学过程分任务前阶段、任务环阶段和语言焦点阶段。

任务前阶段包括介绍话题和任务。在这一阶段，教师和学生一起探讨话题，着重介绍有用的词汇和短语，帮助学生理解任务指令和准备任务。这个阶段主要为学习者提供有意义的输入，帮助他们熟悉话题、认识新词和短语，其目的在于突出任务主题、激活相关背景知识、减少认知负担。

任务环阶段包括任务、计划和报告。学生以结对子或者小组活动的形式完成任务，教师不直接指导。学生以口语或者书面的形式在全班汇报他们是怎样完成任务的，他们决定了或发现了什么，最后通过小组向全班汇报或者小组之间交换书面报告的形式比较任务的结果。这个阶段为学习者提供了充分的语言表达机会，强调语言的流利性，交谈中语言的使用应该是自然发生的，不要求语言的准确性。

语言焦点阶段包括分析和操练。在这一阶段着重分析课文中出现的语言特点和难点。在分析中或者分析后教师引导学生练习新的词汇、语法并指出语法系统是极其有价值的。这个阶段的目的在于帮助学生探索语言系统知识、观察语言特征并将它们系统化，从而清晰、明了地掌握这些语言规则。

任务型教学的倡导者认为，掌握语言的最佳途径是让学生做事情，即完成各种任务。当学习者积极参与目标语的练习时，语言也被掌握了。学生注意力集中在语言所表达的意义上，努力用自己掌握的语言结构和词汇来表达自己的意思，交换信息。任务型教学追求的是给学生提供大量的、尽可能丰富的内容，让学生明确自己的学习目标，并在交际过程中，合理分配注意力，从而使语言得到持续、平衡的发展。

三、内容型教学模式在教学中的应用

（一）内容型教学法的基本原则

内容型教学法通过运用目标语教学学科内容，把语言系统与内容整合起来进行教学。这种整合观是基于一种对语言教学的认识：只有同时给予两者相同的重视，而不是将两者分离开来，才能促进两个方面同时发展。而运用目标语教学学科内容可以较理想地达到整合这两个方面的目的。其基本原则如下：

1. 教学决策建立在内容上

语言课程的设计者和教材的编写者在设计阶段面临的两个问题就是内容（包括哪些项目）的选择和排序（如何排列这些项目）。在传统的教学方法中，不少方法如语法翻译法、听说法，它们通常按照语法的难易程度编写：如一般现在时比其他时态更容易学习，在教材的编写和教学中自然处于优先学习的地位，根据此原则编写的教材及在教学中都把容易学习的内容放在初学阶段。然而，内容型教学法颠覆了传统方法中内容的选择和排序原则，彻底放弃了以语言标准作为教学的出发点，而是把内容作为统率语言选择和排序的基础。

2. 整合听、说、读、写技能

以往的教学法常常以分离的、具体的技能课，如语法课、写作课、听说课的形式进行教学。内容型教学方法试图在整合听、说、读、写四项基本技能的同时，将语法和词汇教学包含于一个统一的教学过程之中。由于语言交流的真实情景，以及语言的交互活动涉及多种技能的协同，派生了这项教学原则。同样，内容型语言教学反对在课堂上主张先听说、后写作的教学顺序。它没有固定的、一成不变的技能教学顺序，相反，它可从任何一种技能出发。可以看出，这一原则是第一个原则的引申，是内容决定、影响教学项目的选择和顺序原则的具体表现。

3. 教学的每一个阶段都要求学生积极的、主动的参与

自交际法产生以来，课堂的中心从教师转向学生，"做中学"成为交际语言教学的基本原则之一。任务型教学是交际法发展的分支，它强调学生应在完成任务的过程中进行探索性、发现性的学习。同样，内容型教学也是交际法的分支，重视学生在参与学习的过程中积极主动地学习。主张内容型教学的学者们认为，语言学习应产生于将学生暴露于教师的语言输入中；同时，学习者还可以在与同伴、同学的交往中获得大量的语言信息。因

此，在课堂的交互学习、意义协商和信息收集，以及意义建构的过程中，学生承担着积极的社会角色。在内容型语言教学中，学习者可以承担多种角色，如接受者、倾听者、计划者、协调者、评价者等。与学习者多重身份一样，教师也扮演着多重角色。他们可以是学生的信息源、任务的组织者、学习活动的引导者、控制者和促进者、学生学习活动的评估者，等等。

4. 学习内容的选择与学生的兴趣、生活和学习目标相关

内容型教学法的内容选择最终决定于学生和教学环境。教学内容通常与具体的教学和教育环境中的教学科目平行进行。因此，在中学阶段，外语教学内容可以来自学生在其他科目，如科学、历史、社会科学中学习的内容。同样，在高等教育环境中，学生可以选修"毗邻"语言课。"毗邻课"是两个教师从两个角度教学同一内容，从而达到不同的教学目标的课型。在其他教学环境中，教学内容可以根据学生的职业需要和一般的兴趣特点进行选择。事实上，由于对于哪些内容是学生普遍感兴趣或者直接相关的很难确定，教材的编写者、使用者都很难把握这一条原则。但是，由于每个内容单元的教学时间长，教师有大量的时间和机会把课程内容与学生的兴趣以及他们已经具备的知识结合起来。因此，让学生对所选内容感兴趣是内容型教学理论实现的重要基石。

5. 选择"真实的"教学内容和任务

内容型教学的核心成分是真实性。它既要求课文内容的真实，又要求任务内容的真实。一首歌谣、一个故事、一段卡通都可以作为真实的教学内容。把这些真实的内容放置于外语教学课堂将改变它们原本的目的，从而服务于语言学习。同样，任务的真实性也是内容型教学的目标，任务必须与一定的文本情景结合，反映真实世界的实际状况。

6. 对语言结构进行直接学习

内容型教学将学生暴露于真实的语言输入中，目的在于让学生获得运用语言进行交际的能力。文本形式、教师的课堂语言的输入、学生之间的结对子活动以及小组活动都是内容型教学的信息源。但是，内容型教学认为，仅仅通过可理解性输入不是成功的语言学习，对真实文本中出现的语言结构必须采取提高意识的方法进行学习。

（二）内容型教学法的特点

内容型教学法旨在将学生尽可能地暴露于与他们直接相关或者他们感兴趣的内容之中。从这个简单的定义可知，与学生直接相关和他们感兴趣的内容不但包括学生日常生活中会共同面对的问题，而且也包括他们学习的其他科目的内容。事实上，学生学习的学科

内容更应该合理地整合于外语教学，以促进学生的思维和语言能力的整体发展。那么，内容型教学法具有哪些主要特征呢？

首先，内容型外语教学法的主要特点在于对"内容"的强调和利用。"内容"可以满足语言教学多方面的目的。一方面，它为外语课堂教学提供极其丰富的教学情景，教师可以利用这些内容呈现，解释语言的具体特征；另一方面，实验证明，富有挑战性的"内容"是语言习得成功的基础。无论是克拉申的"可理解性输入"理论，还是维果茨基的"最近发展区"理论，都强调综合的、富有挑战性的、略高于学习者当前语言水平的内容输入。因此，把内容输入置于特殊的地位是当前内容型教学法普遍实践或实验的趋势。

其次，内容型教学法的内容选择不以教学课时为基本单位。通常一个单元的内容都会超出单个课时。事实上，内容型语言教学的教学内容单元往往长达几周课时，甚至更长。

（三）内容型教学法的教学模式

目前，内容型教学法主要有以下两种模式：

1. 主题模式

主题模式通过主题形式来组织教学。这些主题内容主要来自学生学习的其他科目，或者与他们的兴趣和生活密切相关的内容，主题教学是为了实现教学内容、教学方法的突破，解决外语教学中长期难以解决的矛盾。主题教学模式强调学习语言所表达的意义，但并不忽视对于语言形式的学习。学生通过主题的建构，学习有关社会生活的知识，通过细节环节，学习词、短语、句型和语法知识，从而把意义与形式有机结合起来。

实现教师引导与学生自主学习的统一。教师的职责在于创造学习的语境，并给予正确的引导与示范。教师把以主题为主的认知结构的建构、拓展和深化的任务交给学生，这样就从真正意义上培养了学生的自主性。

实现学生跨文化交际能力的全面发展。在以主题为中心的外语学习中，学生获得了丰富的有关社会、文化和交际方面的知识；在完成围绕主题、话题的交际任务中，学生提高了以听、读、写为基础的跨文化交际能力，培养了自身的素质，发展了个性；在自主性的学习中，学生找到了自我价值，实现了自我的超越。外语教学以主题为线索，按主题—话题—细节的步骤，使学生逐步建立较为完整的反映主观与客观世界及社会交际需求的知识系统。

2. 附加模式

附加模式是指语言教师和学科内容教师同步教授相同的内容教学，但是他们的教学重点和教学目的不同。语言教师的教学重点在于语言知识,完成语言教学目标,而负责学科内容的教师重点在于学科内容的理解上。例如,一个英语教师和一个心理学教师都以心理学内容进行教学。其中,英语教师将心理学材料作为英语语言课程的内容,其教学目的是为了提高学生的英语使用能力,而心理学教师的教学目标是完成心理学学科内容的教学。因此,在英语教师的课上,学生的主要任务是通过对富有挑战性的内容的理解和吸收,从而较快地理解难度较大的内容,并在语言教师的指导下,快速学会语言。

四、现代教育技术下的新型大学英语教学模式

现代教育技术下的新型大学英语教学模式理论框架整合了多模态、多媒体、多环境理论、计算机技术与外语课程生态化整合理念以及建构主义等教学理念,以环境的创设和教学结构的改变为主要特征,以多模态体验和模态转化学习为实际操作的着力点。与以往单纯以建构主义理论和计算机辅助语言学习理论为基础的理论框架相比,该模式的框架更加系统、细致,对实际教学模式的设计更具指导意义。

(一)新型大学英语教学模式理论框架的成分

1. 多模态、多媒体、多环境理论

(1) 多模态

简言之,模态是人类通过感官跟外部环境之间的互动方式。这里的感官不但包括广所知的视觉、听觉、嗅觉、触觉、味觉,还包括医学上新发现的平衡感、距离感等。多模态指用 3 种或 3 种以上感官互动。互动过程中,人类可以将来自多模态的信息打包捆绑成整个的体验。模态越多,人类所获得的信息和体验就越充盈。这种输入和产出之间发生模态变化的学习行为称为"模态转换学习过程"。例如,让学生把读到的内容复述出来,就是一种模态转换学习。而如果只让学生理解所读到的内容,则是同模态学习过程。恰当的模态转换可以增强学习者对所学内容的内化度,提高内容记忆的持久度。换句话说,越充盈的体验、越丰富的模态转化,对学生学习越为有利。

(2) 多媒体

要理解多媒体的概念,首先要区分物理媒介和逻辑媒介。物理媒介指装载内容或信息的物理介质,如纸张、磁带、光盘等。逻辑媒介是指在物理媒介上装载内容或信息的编码手段,如文字、模拟音频流、数字音频流、图像及视频流等。而界定某内容是否为多媒体材料,是以逻辑媒介为划分标准的。使用 3 种或 3 种以上逻辑媒介的,就是多媒体内容。在这个定义下,文字材料印在纸介上是单媒体材料,声音录制在磁带上也是单媒体材料。

但如果一张光盘上有文字、图片、音频流、视频流，那么即使装载内容的物理媒介只有光盘一种，这里的内容也是多媒体内容。显然，与单媒体材料相比，多媒体材料更有可能触发多模态的体验。这也是多模态学习和多媒体学习经常交织在一起的原因。

（3）多环境

学习环境可分成不同的类型。例如，对在校学生而言，有教室、图书馆、自习室等物理环境；有包括课程设置、课程设计理念、教师教学模式等在内的学术环境；有由学生处、教务处等构成的管理环境；有通过计算机广域网构成的虚拟教学环境等。环境向学生同时提供机遇和框定。例如，图书馆向学生提供博览群书的机遇，同时也框定学生在馆内的行为以及博览群书的极限。再如，教师的知识面等构成对学生的框定，而针对学习任务采取行之有效的教学手段又可为学生提供机遇。学习可以说无处不在，发生于多种混合环境中。各环境因素都提供框定和机遇，从而左右学习效果。

如此，大学英语教师在教学设计中应尽量为学生创造可以获得充盈体验、进行模态转化学习的环境，并充分考虑到多种环境因素，特别是多种环境下的学习集成型模式。

2. 基于建构主义的教学理念

根据以往研究，基于建构主义的教学理念与基于客观主义哲学观的传统教学理念相对立。两者在知识观、学习观、教学观、评价观、教师和学生角色、目标倾向、价值取向、信息技术应用、教学设计等方面截然不同。

简而言之，传统教学理念以客观主义哲学为基础，认为知识是客观、稳定、非情景化抽象的存在，是对客观世界的表征。因此，知识外在于学习者，可以传递，而教与学就是知识传递的过程。这种教学理念重知轻行，片面强调系统掌握各学科的理论知识，因此教出来的学生缺乏必要的专业实践能力或动手操作能力，在这种教学模式下，教师被视为知识的化身、讲坛上的圣人。学生则是被动的接受者、等待被灌输知识的容器。因此，传统教学模式普遍采用注入式、填鸭式的授课方式。教学组织形式和方法不够灵活，学生的学习方式仍然是机械地接受知识，学校的培养方式也是统一的培养模式，没有根据学生的不同来制定个性化的教学设计和教学模式。

建构主义教学理念的哲学基础则是由维柯、杜威、维果斯基、皮亚杰等哲学家发展的建构主义。建构主义认为，与其说知识是名词，不如说它是动词。知识是一个不断认知、体验和构建的过程。知识不是对于外部世界的表征，而是由个人创造出来，用来理解亲身经历、构造意义的。学习的过程就是知识构建的过程，是在一定情况下，针对无法满足需求的知识进行质疑、探求、构建和协商的过程。教学就是创设有助于意义建构的学习环境，创设有助于交流协商的学习共同体。与传统理念的重知轻行不同，建构主义教学理论提倡知行合一，其目标是令学生获得高阶知识，促进学生实践能力的发展。在建构主义教学模式下，师生是双主体和互动对话的关系。建构主义教学理念倾向的技术应用观是"用技术学习"，主张把信息技术作为学习工具。它克服单一的以讲授为主的班级形式，超越传统的"讲中学""坐中学"，而是走向"例中学""做中学""探中学"和"评中学"，最大限度地丰富学习资源、时空、方式和体验，以提高教学成效。

（二）新型大学英语教学模式理论框架

纵览三种教学理念可以发现，它们共同强调两个核心要素，即学习环境的创设和教学结构的转变；同时，它们相互依托、相互补充。

1. 学习环境的创设

多模态、多媒体、多环境理论中，强调创设更能让学生获得多模态充盈体验以及进行模态转化学习的环境；计算机与外语课程生态化整合理念强调创设生动的数字化学习环境；建构主义的教学理念强调创设有助于交流协商、意义建构的环境。这三种环境实际上彼此相容，甚至通过彼此来实现。

首先，当今教学实践中，多模态学习经常依靠多媒体学习来实现，而数字化环境是多媒体学习的必要条件。

其次，与计算学理论构成的理论框架相比，这里提出的理论框架的最大优势在于更为系统、细致，因此以其为基础建立的教学模式更具可操作性和可证伪性。该框架在理论层级上有完整的跨度：它有位于基础层面的哲学立场，有处于可证伪层面的模态转换学习假说。与其他研究中经常提到的"自主""互动""计算机辅助"等或模糊或复杂的变量不同，模态的多少或者转换作为一个变量更容易控制、分离与测量，因而在教学设计中更容易实现，在教学实验中更容易验证。

但是在以此理论框架为指导建立具体的教学模式过程中，容易出现一些问题。首先是在教学模式设计中，教师、学生、计算机之间的互动往往不够。某些网络教学内容仅是课本的翻版，而不是让每个学生都真正成为参与者和贡献者。

此外，部分学校的技术环境仍有欠缺，也是阻挡教师、学生、计算机之间充分互动的一大障碍。另外，在这样的教学模式下，计算机和网络成为书本一样的教学必需品，如何保障硬件软件条件、维持系统良性运转也是不得不考虑的问题。最后，是教师的角色问题。计算机技术的广泛应用不代表教师作用的淡化。事实上，在这里提出的理论框架中，教师仍是学习共同体中的重要一员，而不仅仅是计算机开启者和网络维护者。过分地依赖机器，教学就流于一种技术的展示。当然，这些问题在单纯以建构主义理论或计算机辅助语言学习理论为基础建立的理论框架下也同样容易出现。如何在教学模式设计实践中，真正践行某种理论框架，是所有大学英语教学单位需要花费大量脑力、精力，甚至是财力才能解决的问题。

以计算机和网络技术为基础，对大量音频、视频资源进行有效地收集、处理、整合、存储、传输和应用的数字化环境，几乎可以自然而然地触发多模态学习，数字化环境在某种程度上成了多模态学习的充分条件。另外，鉴于在建构主义视域下，知识作为个人经验的合理化以及个体与他人经过协商后达成一致的社会建构，主要是通过互动来搭建，借助计算机和网络技术使教师和学生、学生与学生之间的联系显著加强的数字化学习环境有助于交流协商、有助于意义建构的环境。

2. 教学结构的转变

传统教学理念和模式中，教师是主动的传授者，学生是被动的接受者。而在建构主义教学理念下，学生与教师同样具有主体地位；在计算机与外语课程生态化整合理念中，学生是主体，教师是主导；在多模态、多媒体、多环境理论中，教师的主要作用在于创设环境以帮助学生获得充盈体验并进行多模态学习，实际上暗示了学生为主体、教师为引导者的观念。三种理念的共同点是都赋予了学生主体地位。另外，生态化整合理念和多模态、多媒体、多环境理论，都将计算机和网络视为除了教师和学生之外的教学结构组成要素。

3. 三种理念本身具有的关系

建构主义的知识观和学习观是多模态、多媒体、多环境理论和生态化整合理念的哲学基础。反过来，多模态、多媒体、多环境理论和生态化整合理念是在现代教育技术飞速发展的氛围下对建构主义教学理念的一种细化。另外，生态化整合理念和多模态、多媒体、多环境也具有同样的基础和细化关系。生态化整合理念提升了计算机技术在外语课程中的作用，从而扩大了多模态、多媒体、多环境学习在外语学习中的比例。而多模态、多媒体、多环境学习理论，特别是模态转化学习假说，则给出了在数字化环境下教与学的一个可能方向。

在此基础上，可以勾勒出现代教育技术的新型大学英语教学模式。此新型教学模式的最大特点在于环境的创设和教学结构的改变。这里的环境指的是可以触发模态转换学习的数字化环境，这也是有利于意义构建的环境。教学结构的改变则体现在新型学习共同体的建立上。在该新型共同体中，教师、学生、计算机具有同样重要的地位，且任意两者之间都可以进行互动。学生在互动中获得充盈体验、进行模态转换学习的机会。

创新大学英语教学模式是未来大学英语改革的突破口，是提高教学质量、增强大学生英语综合能力的关键所在。而大学英语教学模式的创新，要有合适的理论框架指导。

这里试图提出这样一个理论框架：它整合了多模态、多媒体、多环境理论、计算机技术与外语课程生态化整合理念以及建构主义的教学理念，以环境的创设和教学结构的改变为主要特征，以多模态体验和模态转化学习为实际操作的着力点。该框架具有深层哲学基础和可证伪层面上的假说，既充分考虑以计算机和网络技术为代表的现代教育技术飞速发展的大形势，又具备系统性和细致性，可真正指导教学模式的构建。

五、互联网英语教学资源的利用

对于互联网英语教学资源的搜集获取、了解认识，固然十分重要，但是如何充分利用它们则更具有实际意义。我们通过以下几个方面对互联网英语教学和研究资源的利用进行初步的探索：

（一）获取资料，充实教学内容

从互联网电子邮件每天传送的免费英语新闻中，可将材料编成完形填空和阅读理解等练习供课堂教学使用。在有些重要考试的命题中也开始直接将从国外网页下载的资料设计成题目，以减少与国内现有材料内容重合的可能性；也可把网上英语学习讨论组的国外学生发表的好文章介绍给自己的学生；还可以提供有关网址，要求他们课外通过互联网阅读有关的写作资料。由于条件限制，大部分学生没有条件进行 www 浏览，无法阅读和下载网页资料，可向他们介绍利用 E-mail 作为工具访问 www 获取资料。

（二）下载软件，丰富教学手段

国外的语言教师与计算机合作已经在英语教学软件开发方面中做了大量的工作，他们也愿意与国外同行分享成果，更希望别人对自己的成果进行检验或提出意见，以求进一步完善。网上有许多供免费下载的英语教学软件，其中一些软件形象生动、引人入胜，是传统教学手段无法相比的。例如，从网上下载了一个辅助批阅英语作文的教学软件 Markin32，使用效果就很好。借助这一软件批阅学生以电子邮件或磁盘形式交的作文，教师不仅可以用三至四种不同颜色和字体写出评语和修改意见，而且可以对近 30 个种类的典型错误方便地标注，并且自动提供错误的统计数据；对一些共性错误的批注和常用的评语只要简单地用鼠标点击就可以调出数据库中的相应文本，直接输入到学生的作文上。应用这一软件处理学生作文，既提高了作文批改质量，又节省了教师的时间。

第四节　大学英语教学模式的创新

一、"现代型教学"模式

（一）教学观的转变

现代教学观是主张以教师为主导、以学生为主体、以就业为导向，实现培养目标和培养规格，并以现代新技术为支撑的教学观点。采用以网络技术为依托的实验手段，依靠计算机、多媒体和远程通信技术，对教学内容、教学组织形式进行彻底变革。利用网络教学、双向教学、远程教学拥有的软件资源，开发学生智力，培养自我学习与探索新知识的能力。

教学、科研和应用有机结合。以现代信息技术为依托，以科研促进教学与应用。开拓新知识，增强科研意识，提高师生的实践创新能力。以研究带动应用，其重点与难点在于探索问题、研究解决问题与成果应用三个环节。前者必须具有应用意识，后者则必须具有相应的实践技能。而这种能力的培养须依靠"现代型教学"。

现代型教学具有时代的开放性，以现代信息技术为依托，将教学、科研和应用有机结合，以教研促科研，以科研带教研和应用，与传统型教学相比具有如下特点：

1. 教学观念的创新性和前瞻性

在教学思想方面现代型教学比较注重知识的专题性、前沿性、开拓性以及对现状的把握和前瞻，以现代信息技术为依托，重点放在实践教学上，以社会需求和培养应用型人才为目标，以创新为目的。

2. 教学内容的互补性和实用性

现代型教学在高校中是将系统教学与专题研究、理论教学与实验教学、研究与应用紧密结合，教学内容的选取是以社会需求为目标、以技术应用能力的培养为主线，突出实用性，重在培养学生独立发现问题、解决问题的思维和实际操作能力。

3. 教学方法的直观性和科学性

现代型教学不仅利用传统的挂图、模型、幻灯、投影仪等教具，还充分利用现代科学技术手段，充分利用网络、多媒体，综合了计算机、图形、图像处理、电子技术、影视艺术、音乐美术、教育学、心理学、教学法等诸多学科与技术，集文字、图形、图像、声音、视频、影像、动画等各种信息于一体，使抽象、深奥的信息知识简单化、直观化，缩短了客观事物与学生之间的距离，并能充分调动视觉、听觉能力，集中学生的注意力，提高掌握知识的能力。

4. 教学模式的职业定向性

无论是德国的双元制还是我国的习而学的教学模式，或是能力本位的教学模式，现代型的教学都以社会需求为目标，以某一岗位群为目标来组织教学，培养学生的职业能力，因此，具有明确的职业定向性。

5. 教学能力的知识性

现代型教学将基础教学与应用教学、传授知识和研究新课题结合起来，并立足于学科的前沿，培养出适应时代的创新人才。

现代型教学要求教师不断更新知识，力求在教学中做到"新、博、独、深、精"，"心"，即用新观念、新思想、新方法，讲授新内容，使学生有耳目一新之感；"博"，即知识渊博，讲授内容广博，信息量大，使学生广学博收；"独"，即用独特的方法，讲授独到的见解，培养学生独立思考、独立研究的能力；"深"，即深入讲授、深入探索、深入研究，有意识地培养学生探索和研究问题的意识以及信息调研的能力；"精"，即精心准备、精心实施、精讲多练，使学生易学、易记、易用。

总之，培养新世纪的高等职业专门人才，需要有全新的思想观念、优化的课程体系和高水平的师资队伍，课堂教学要以社会需求为目标。我们每一位从事高校教育的教师，都必须以提高学生的实际应用能力为目标，认清从传统型教学向现代型教学发展的必然性，从教学观念、教学内容、教学方法、教学模式和教师知识结构等方面深入探究现代型教学及其特点。

（二）现代课程观

教学内容和课程体系的改革应遵循以下基本原则：必须反映当今社会的生产力水平及科技新成果，有利于促进生产力发展；要反映人才培养目标和规格需要；要体现近代文化、科技创新；要精选教学内容，因材施教，以利于学生能力的培养与可持续发展。

课程的设置与内容的选取：以社会需求为目标，以应用能力的培养为主线，设计相应的培养方案，构建相应的课程与教学内容，基础理论课程以应用为目的，实践教学应占有较大的比例，着重培养学生的应用能力。

(三) 教学方法的转变

由传统方式向互动式转变。传统教学把重点放在"什么是什么"的事实类知识的传授上，学生只能处于被动的地位，并过分依赖于教师的讲授，缺乏对知识结构的深入探讨。互动式教学是以动态问题为主。启发学生主动思考、积极参与，教师的主导作用是知识的引导与教学的组织，并将教师的主导思想，转化为学生自主的学习行动，从而获得好的教学效果。

由封闭式向开放式转变。现代型教学以现代高科技信息技术为依托，将以学校为主的传统封闭式教学转变为开放式教学，通过校园内外的网络开通多媒体教学、空中课堂、网上教学，及时获得新的知识。信息高速公路的实现必将成为最理想的开放式教学手段。

由理论教学向实践教学转变。传统教学着重于课堂教学，并强调理论的系统性和完整性。现代型教学则着重于实践课教学，使学生拥有充分的时间进行实训以掌握技术要领，尽快地提高学生的实践能力。

现代型教学的优点在于采用因材施教的分层次个性化教学手段。由于各大专院校大量扩招，导致在校学生人数多，大课教学目前还普遍存在。在此情况下，协同学习是一种很好的弥补方式，通过课堂讨论学习的方式，使学生之间学会交流、合作、竞争，在此基础上积极创新环境，发现学生个性，分层次、分阶段地实施教学，逐步完成因材施教的个别化教学。

(四) 更新教师知识

现代型教学比传统型教学更先进、更进步，其中包括以应用为主的多种形式。要奠定坚实的现代型教学的基础，教师知识的更新是关键。教师要树立继续学习、终身学习的思想。教师不能只满足于现有的知识水平，而应不断学习，更新知识结构，使自己处于学科的前沿。教师还必须承担一些具有创新性的研究课题。通过对课题的研究和探索，加深自己的专业知识，力争成为本学科的学术骨干。教师也应当深入生产实践，走产、学、研相结合的道路，在生产实践中获得足够的经验，力争成为"双师型"教师。

二、大学英语教学模式发展的新趋势

(一) 从单一教学模式向多样化教学模式发展

自从近代教育科学的创始人德国教育学家赫尔巴特提出"四段论"教学模式以来，经过其学生的实践和发展逐渐形成了以教师为中心的传统教学模式,这一模式成为 20 世纪教学模式的主导。之后,杜威打着反传统的旗号,提出了实用主义教学模式。20 世纪 50 年代,有关教学模式的研究一直在"传统"与"反传统"之间来回摆动。50 年代以后,由于新的教学思想层出不穷,再加上新的科学技术革命使教学产生了很大的变化,教学模式出现了"百花齐放、百家争鸣"的繁荣局面。

(二) 由归纳型向演绎型教学模式发展

归纳型教学模式重视从经验中进行总结和归纳。它的起点是经验,形成思维的过程是归纳。演绎型教学模式指的是从一种科学理论假设出发,推演出一种教学模式,然后用严密的实验来验证其效用。它的起点是理论假设,形成思维的过程是演绎。归纳型教学模式来自教学实践的,不免有些不确定性,有些地方还不能自圆其说。而演绎型教学模式有一定的理论基础,形成了较为完备的体系,它更加强调教学模式的科学理论基础。这对我们自觉地运用科学理论为指导,主动设计和建构特定的教学模式以达到预期的教学目的提供了可能。目前,演绎法成为教学模式生成的重要途径。

(三) 由以"教"为主向重"学"为主的教学模式发展

传统教学模式都是从教师如何去教这个角度来进行阐述,忽视了学生如何学这个问题。杜威的"反传统"教学模式,使人们认识到学生应当是学习的主体,由此开始了以"学"为主的教学模式的研究。随着建构主义等以学生为中心的教学理论的发展,师生在教学过程中的地位和作用发生了深刻的变化。现代教学模式的发展趋势是重视教学活动中学生的主体性,重视学生对教学的参与,教师要根据教学的需要合理设计"教"与"学"的活动,鼓励和帮助学生实现自主性的、探索性的、创造性的学习。

(四) 教学模式的技术手段日益现代化

在当代教学模式的研究中,越来越重视引进现代科学技术的新理论和新成果。新的教学模式非常注重将计算机、多媒体和网络等信息技术运用到教学中,有效地将信息技术与课程进行整合,教学条件的科学含量越来越高,充分利用现有的教学条件对教学模式进行全新的设计。

第四章
信息时代下的大学英语实践

第一节 互联网时代下的大学英语教学改革

在"互联网+"教育时代,网络技术被引用在英语教学中,增加了英语学习的乐趣,学生由被动学习变为了主动学习,提高了学习的效率和教学质量。在新时代的教学环境中,广大的英语教育工作者也要紧跟时代的脚步,利用互联网平台和网络优质教学资源,不断提升自己的教学水平,为大学英语教学的更大发展贡献力量。

一、"互联网+"教育下的多种教学模式

(一)以慕课资源为基础的翻转课堂教学模式

慕课,是新近涌现出来的一种在线课程开发模式,它发展于过去的那种发布资源、学习管理系统以及将学习管理系统和更多的开放网络资源综合起来的新的课程开发模式。翻转课堂,是指以课堂面授教学为基础,再利用多种教学技术工具来实现教学流程重组的一种较为独特的教学组织形式。

高校大学英语教学中,应将慕课资源与翻转课堂的教学模式统一起来,把学生放在优先位置,着重培养学生的学习主动性和实际运用能力。在翻转课堂教学模式下,教师只管为学生提供相关的英语学习视频资料等,学生则需要在课前完成相关资料的准备工作,包括看在线课程、查阅电子资料等。这样的教学模式下,教师的作用由"主"变为了"辅",学生发挥了自己的主观能动性,变"被动接受学习"为"主动要学习"。

当然,英语教师在向学生提供慕课学习资源之前,一定要严格把关,结合本校学生的实际情况,把适合的学习资源提供给他们。在这样的教学过程中,师生之间、生生之间的互动、交流多了,学生参与的积极性提高了,教师的教学水平也得到了相应的提高。所以

说，慕课的翻转课堂教学模式是一种优质教学模式，实现了师生双收益的教学效果。

（二）利用微课资源的翻转课堂教学模式

微课就是以教学视频为主要载体，在教学中综合运用各种教学资源。微课包括微视频和微资源两部分。微视频，是指把教学中的某些知识点或者是案例以小视频的形式，通过网络分享给学生进行学习。而微资源是指辅助微视频的教学资源，包含一些课件、练习等。与慕课教学相比，微课有内容少、时间短等突出特点。随着移动互联网络的普及，利用微课资源的翻转课堂教学模式必将发挥优势，成为英语教学中不可或缺的模式。

（三）利用微信平台的大学英语教学模式

利用微信平台的大学英语教学模式，就是教师通过微信平台与学生进行英语学习资料的发送、讨论与交流。教师可以建立班级英语学习微信群，给学生传送一些优质的英语学习资料，或者学生在英语学习中有什么问题，就可以在群组里和教师、同学及时地交流沟通，方便快捷地解决问题，这对英语学习是十分有益的。而教师与学生通过微信交流更加便利，不受时间和空间的限制，可以及时了解到学生的学习状态，解决学生学习中遇到的问题，对学生的英语学习起到了一个监督、促进的作用，增强了学生学习英语的自觉性，也有利于知识的巩固。

二、"互联网+"教育在英语教学中的影响

将"互联网+"教育资源应用于大学英语教学意义重大。教师利用互联网可以获得丰富的教学资源，并运用到教学中，改变了以往传统的枯燥乏味的课堂英语教学模式，使得现在的英语课堂活跃了起来，学生的积极性调动了起来，课堂气氛更加轻松、愉快、有趣了。学生英语交际能力和英语自主学习能力都有了质的飞跃。

多种"互联网+"教育教学模式的运用，使大学英语教学效果提升明显。不仅增进了师生间的感情，学生学习英语的热情也明显增强，英语实际运用能力提升迅速，教学效果是相当不错的。

"互联网+"时代的大学英语的改革，重点就是多运用、合理地运用互联网来促进教学方法的进步，让更多的学生能通过互联网来学习英语。这样，教师利用互联网来讲解知识，学生通过互联网来学习知识，弥补传统课堂的缺点。同时，英语教学还能通过互联网实现共享和传递，就能让更多人加入大学英语的学习。因此，在互联网时代，大学英语教学必须尽快完成改革，才能推动其发展。

三、大学英语课堂引进"互联网+"教育的重要性

(一)弥补传统英语教学语言环境缺失的不足

互联网技术可以在英语课堂上创造一个真实自然的语言环境,互联网上又有大量的资源,还有形式多样的内容,包括好听的音乐、有趣的图书、立体的电影等,这些内容可以让学生立刻进入相应的环境中,进行语言的学习。因此,教师在课堂上使用互联网技术,可以极大地满足学生的各种需要,选取自己最感兴趣的内容进行学习,让每一个学生都能积极地参与到课堂中来,并且让每个学生的知识都有不同程度的拓展。

(二)可以锻炼、提高学生英语的实践能力

由于互联网可以在课堂上给学生营造一个非常真实的语言环境,这必将刺激学生对英语的运用。让学生在课堂上针对自己感兴趣的知识进行探讨,这无疑锻炼了学生的语言实践能力。特别是互联网上强大的聊天软件,可以让各个国家的学生进行"面对面"的交流,这样学生就能与英语是母语或英语水平较高的人沟通交流;而且聊天的方式更能激发学生运用英语的兴趣,从而提高了学生英语表达的能力和语言实际运用的能力。

四、互联网走进大学英语教学面临的挑战

(一)传统教学方法的顽固性

互联网技术的运用产生了诸如微课等新型教学课堂模式,但传统的教学方法很难一时之间改变过来。互联网的优越性,可以让学生突破时间、空间的局限性,可以随时随地地获取知识,这与传统的坐在固定教室进行授课的方式完全不同。这样的改变,无疑是对传统教学方法的冲击。不管是教师还是学生,都已经习惯了传统的教学方法,新教学方法的实施,肯定会有来自双方的阻力。

(二)传统教学活动的阻拦

"互联网+"背景下,由于知识会传播给更多人,这就更加严格要求大学英语老师的专业水平和互联网的操作能力。教师在掌握各种信息技术手段后,更重要的是要帮助学生选择最适合的知识进行学习。互联网超强的信息能力,让它包含了各种各样的信息内容,因此呈现出知识良莠不齐的状况。

五、"互联网+"时代背景下大学英语教学改革与发展相关的措施

（一）建立多元化的教学课堂

除了传统教学模式进行变革外，我们还可以引进慕课、微课等教学方式。拿微课来说，它主要是教师针对某一个重点知识或环节进行讲解，将讲解的内容和过程拍摄下来，做成十分钟左右的视频。视频通过互联网技术分享给学生，让学生可以随时随地地进行英语学习。所以，大学英语要多制作微课，而且即使是十分钟的教学时间，也要包含完整的教学环节，比如教学的设计等。

（二）利用聊天软件提供学习的平台

现代科技的发展，许多聊天软件应运而生，如 QQ、微信等，它们也可以成为好的学习平台。拿微信来说，建立班级或专业微信群，将许多学习资源上传至群，让师生实现资源共享，是获取知识的好途径。

（三）建设移动互联网的教学系统

现在我们已经处于移动互联网全方位覆盖的状态，那么建设一个覆盖了大学英语教学管理、学生自主学习、师生共同互动的教学系统，才能满足教学的需要。这样的一个教学系统，就可以对教师和学生进行有效的管理，同时也可以促进大学英语的全方位掌控。这种掌控是为了调动各种有利的资源，实现英语资源的最优化利用，用这样的方式推动学生个性化的培养，提高学生的英语水平。

总之，在"互联网+"时代背景下，大学英语教学要实现改革和发展，就要充分利用好互联网的优势。教师和学生都要打破传统的教育理念，积极接受新的教学方法。在此，大学英语教师要提高自己的综合教学能力，要敢于进行教学方式的转变，积极运用微课教学；在课后还可以运用微信等平台，引导学生进行英语的学习。互联网强大的资源共享能力和庞大的信息资源，需要我们的英语教师加以指导，让学生可以从中获取有利的资源，从而提高自己听、说、读、写的能力，推动英语实践能力的快速发展。

不断发展和进步的互联网技术在很多方面都影响了大学英语教学，比如，随着互联网在教学中的进一步普及，传统的教学观念和教学模式发生了改变。目前，在我国各大高校的英语教学过程中，教师有效地融合了大学英语教学与现代先进的教学技术，可以创建使学生感到轻松愉快的教学环境，这样一来，学生的英语学习兴趣和主动性也会有所提高，

进一步提高了大学英语教学的效率。

六、"互联网+时代"对大学英语教学的影响

（一）有效地改变了传统的教学方式

在以往的大学英语教学过程中，教师往往只是以课本教材为主，这是不利于学生接纳学习内容的，尤其是非英语专业的学生，他们中间大部分人是不喜欢学习英语的，灌输式的英语教学逐渐让他们产生了厌学心理。但在互联网背景下的大学英语教学，教师们的教学内容不断增加，教师可以随时随地自由地补充英语知识，语言学习也不再限制在教材范围内，而且教师可以借助多媒体、手机等现代化教学模式进行英语教学，有效地提高了英语教学的效率。

（二）有效地改变了传统的学习手段

在"互联网+"时代背景下，学习是可以有效地帮助学生提高学习成绩和学习效率的，在这个过程中，学生的学习不再受课堂的限制，他们可以在网络中搜索自己想要的学习内容，获得很多课本之外的学习资源。另外，学生有效地结合课堂学习和信息技术，这样一来，自己的学习途径就会增加，学习英语的平台也会更加宽广。而且学生可以自由掌握学习英语的时间和地点，这样可以使学生学习更加主动，从而有效地提高大学英语的教学效率和教学水平。

（三）有利于提高大学英语教师的综合能力

随着信息技术在教学中的不断深入，对教师的教学要求也在不断提高，这就要求教师不仅要具备较高的专业水平和较强的教学能力，而且教师需要熟练地掌握相关的现代化信息技术。在互联网背景下教学，教师需要有较好的总结和筛选知识的能力，要引导学生可以自行筛选学习内容，选择自己需要的东西。另外，在大学英语的教学工作中，教师要充分考虑到每个学生的个性，尽可能地照顾到每个学生的学习情况，这样一来，教师的综合能力会有很大的进步。

七、"互联网+"时代下大学英语教学改革方法

（一）利用互联网创建多样化的教学环境

在"互联网+"时代背景下，大学英语教学的发展可以充分利用互联网的优势，建立

互联网英语教学体系。教师可以集中建立一个多功能的英语教学系统，通过该系统可以进行教育管理、自主学习、评价学习以及交流互动等内容，而且教师可以在该系统内管理学生，同时也可以展开英语教学工作和英语测试，从而提高对学生的管理效率。另外，建立互联网英语教学体系也可以有效地整合各种教学资源，在不断满足学生对各种英语知识需求的基础上，帮助学生不断拓宽自己的知识面。

教师不仅可以通过网络建立互联网英语教学体系，而且可以利用 QQ、微信来搭建一个全新的英语学习平台，学生可以在 QQ 群或者微信群里互相分享英语学习资源，而且还可以进行互相交流讨论。在网络学习平台上，学生可以更加方便地和教师交流沟通，探讨研究英语知识，从而完善英语教学内容，提高大学英语教学质量。

（二）利用互联网设计多样的教学模式

1. 采用慕课的教学模式

慕课是在互联网基础上产生的一种比较常见的网络教学模式，它有效地结合了英语教学和现代信息技术，学生可以在慕课中自主地开展学习活动。首先，在这个学习过程中，学生可以接触到更丰富的英语学习资源，同时，学生学习英语的时间也更加充足而且自由；其次，学生可以充分利用课前时间来学习语言知识点，然后再和同学进行讨论交流，这样不仅可以有效地巩固知识，而且增加了与同学之间的交流合作，从而可以有效地提高自主学习和合作学习的能力；最后，学生可以通过慕课反复地观看英语学习视频，进一步巩固知识并完成语言的输入，从而使学生学习英语的过程得到进一步的完善，提高英语学习效率。

2. 利用微课进行英语教学

微课主要是通过短视频来完成英语教学的，通常情况下，一个短视频的时间在十分钟左右。在实际的大学英语教学过程中，教师可以根据教学情况来制作英语教学短视频，将现阶段内英语学习的重难点标注清楚，并上传到网络教学平台上，学生可以随时随地地观看视频来学习英语，而且可以随时向教师提问。

网络是把双刃剑，它能够推动大学英语的教学发展和改革，那么在一定程度上也能够限制大学英语教学的发展，因此，教师在教学过程中应该不断地提高自己的综合能力，使网络的优势能够充分地发挥出来。另外，学生也需要配合好教师的教学，并克制自己，远离网络学习之外的内容，不断地提高自己的英语学习能力。

总而言之，随着教育改革的不断深入，我国各大高校的英语教学课堂在不断地尝试新型的现代化教学模式和教学技术；但同时，教师要根据学生的具体学习情况和英语教学内容，合理地安排自己的教学流程，选择合适的教学方法，而且可以充分地利用互联网的优势，使学生能够在互联网中不断地学习更多的知识，从而有效地提高学生的英语成绩，同时可以提高其综合英语素养。

第二节　基于网络的大学英语教学改革研究与实践

一、网络环境下大学英语课堂教学优化研究

当前大学英语教学课程中，很多学校教学目的就是让学生通过英语专项考试。

随着网络信息化的介入，英语教学不断得到优化和改善，特别对于大学英语课堂教学而言，教师和学校对学生的教学主要是以技能性为主，通过借助互联网媒介，进一步提升英语教学效率。

（一）网络环境下大学英语课题教学优化原则

当前大学英语课堂教学通过融入互联网信息技术为核心的网络教学模式，转变传统的教学理念，使大学英语课程在一定程度上进行优化，进一步提升学生在课堂上的学习感受，通过在课程中融入音频、视频、图片等方式，给学生提供更加直观和真实的感受，进而取得更好的教学效果。因此，网络环境下的大学英语课堂教学需要不断进行优化和升级，通过多元化的教学方式，切实提高学生的学习效率。

1. 坚持学生为主，教师为辅

与传统教学模式相较而言，网络英语教学模式极大提升了英语学习效率。传统英语课堂大都是以教师为主，但是在网络课程教学中，大都是以学生为主开展网络技术教学。虽然网络教学受到众多教师和学生的喜爱，但是传统教学依然有它不容置疑的优势，能够通过言传身教的方式切实为学生演示教学内容，同时还能够通过面对面的交流指正学生在学习中存在的问题，根据学生对教材的实际掌握程度把握教学进度。因此，网络英语教学需要融入传统教学内容，形成综合性教学模式，教师可以根据学生的表现来对学生的学习情况进行把握，从而形成针对性的沟通和指导，进一步提升英语教学效率。

2. 坚持人机与人际互动交流

通过在课堂中使用多媒体技术，能够提高学生与教师在课堂中的交流和互动性，还能

够对原有的教学内容进行补充。在网络英语教学活动当中,开展互动式教学是英语学习的主要方式。所谓人际互动,指的是教师和学生之间、学生和学生之间的交流沟通。大学英语课程当中,教师需要注意的是,通过多媒体方式开展教学,很容易让学生与多媒体之间的互动产生疲倦感,因此教师需要平衡好自己和学生、计算机之间的关系,通过对互联网内容合理利用开展教学活动,帮助学生成为教学活动的主动参与者。

3. 坚持教学实用性为主,强化社会发展

当前,学生对于计算机的使用和运用能力十分娴熟,教师在实际教学中也需要更加注意,在设定教学任务的时候,要结合学生的实操性和个人学习实际情况,充分发挥学生的特性,帮助学生在实践中学习语言的应用方法。当前,部分大学生的社交能力较为薄弱,虽然学生自身的英语表达能力和国外相比还有明显差距,但是学生的语言认知能力却已经成熟,思维也更加完善。因此,英语学习中,大学生需要重视提高自己运用英语的能力,同时还需要认识到使用英语的重要性。

(二) 网络环境下大学英语课堂教学优化举措

1. 构建学生为主、教师为辅的教学模式

在课程优化的过程当中,教师需要坚持以学生为课程的主原则。在坚持这条原则的基础上,加入现代化的元素,让学生对所学习的内容进行自主选择,更进一步体现出学生的课堂主体地位。但是教师也并不是袖手旁观,而是应当根据学生的自身情况,进行合适的引导和说明,对学生的选择进行优化和改善。由于每位学生的学习水平都不相同,因此教师需要从中协调好学生的学习需求与教学方式。比如,在英语教学当中,教师应当对学生所喜欢接受的教学模式进行调查和研究,而后根据学生的水平和教学模式,探索出适合学生学习的教学方式。

2. 创设新型教学情境

在英语学习的过程中,教师为了帮助学生有效提升英语水平和成绩,首先需要帮助学生喜欢英语。比如,在开始新课程之前,教师可以通过互联网,在课堂中构建和教学内容相关的情景,由于大学生思维较为成熟,自身具有一定的阅历和见识,因此,教师可以通过寻找一些大学生没见过或者好奇的事物,激发学生的学习兴趣。同时,在构建教学内容的过程中,不仅需要用图片作为教学支撑,同时还应当根据学生自己的兴趣爱好选择他们喜欢的视频和音频。

3. 加大技术设备资金投入

在高校的教学活动中,引入网络科学教学需要借助相关设备和机器,对于设备的维护和养护也需要投入大量的人力和财力。教师和学生也需要提高自己防范病毒的意识,在网络平台中进行资料传输尽可能减少外接设备的使用,同时需要加大资金对多媒体和网络信息课程的投入,及时更新软件和硬件设备,更新正版软件,加强对教学网络的管理和使用。

综上所述,我们可以得知,当前大学英语教学活动中融入了网络信息科学技术,进一步实现英语课堂的多样化,也充分实现了以学生为教学活动的主体、教师为辅助的教学结构,为学生营造出了一个良好的学习氛围。同时,通过多媒体网络有效激发学生学习的积极性和主动性,进一步提升课程质量,为学生学习英语创设出更加良好的学习氛围。

二、基于深度学习的大学英语网络教学研究

深度学习本质上是一种旨在培养高阶思维能力的学习理念,它以知识理解为导向,并以对知识的理解深度为表征,这种全新而有效的学习方式越来越被人们所关注和重视。随着现代信息技术的迅猛发展,网络环境为大学英语教学方法改革创造了机遇,也为大学英语网络教学的深度学习创造了新的探索空间。

(一)深度学习理论概述

深度学习是相对于浅层学习而提出的概念。随着时代的发展,深度学习的内涵也在不断变化。自深度学习提出以来,国内外专家学者们从多个维度进行了广泛而深入的研究,并基于不同的视角阐释了它的内涵。目前学术界对深度学习的理解存在着学习方式说、学习过程说、学习结果说三种。深度学习是学习者在对知识深入理解和学习的前提下,可以批判性地学习新的知识和观念,而且将这些新的知识和观念与自身已经形成的认知结构相融合,当面对新的情境时可以自主灵活地运用已有知识及时做出决策的一种有效的学习方式。深度学习并不是要求学习者刻意追求知识理解的深度和难度,而是强调对知识的核心内涵、原理或规则的深刻理解,它更重视学习者深度学习的过程和状态,目的在于促进学习者高阶思维能力的构建。与浅层学习比较而言,深度学习是由浅入深、循序渐进的过程,它受到社会、学校和学生等多方面因素的影响,具有批判理解、信息整合、建构反思、迁移运用、高阶思维等特征。

(二)用深度学习理论指导大学英语网络教学的建议

1. 进一步强化以生为本的教学理念

对于任何一种教学活动而言,知识教学都是其最基础的任务。但应该认识到教学活动

是具有层次性的,不能把知识教学作为教学活动的唯一价值。大学英语网络教学要深化深度教学理念的指导性,把提升学生的英语素养作为目标,强化学生综合素质的全面发展。教师在进行英语网络教学时,要从多个维度全面地把握教学目标,既要注重知识技能的传递,更要将过程与方法的传授以及情感态度价值观的培养作为教学目标落到实处。

2. 深度整合教学内容

深度学习强调对知识意义的整合和建构。现代信息技术为网络教学提供了快捷的平台和丰富的资源。这些不同的英语教学资源本质上存在错综复杂的紧密联系,教师在进行网络教学时要注重把握知识的内在结构,有效地将这些不同的知识联系起来,尽量避免片段化的知识教学。要深入地了解教学目标,并借助网络平台充分调研学生需求,深度整合教学内容,把冗杂的与教学相关度不大的内容予以删除,并从网络资源中选择充实且富有价值的内容,将不同的英语知识联系起来,帮助学生建构和内化知识网络。

3. 针对性地创设情境教学

深度学习是一种由浅入深的学习过程,它要求学生不仅要掌握知识概念等浅层知识,而且还要学习情境方面的知识。高校教师要结合教学目标,针对性地创设一些问题或者情境,将理论知识讲解和实践活动有机结合,引导学生在亲身参与相关的情境中思考和解决问题,进一步获得身临其境的体验。在情境参与过程中,教师要借助网络平台对学生的表现给予及时的反馈评价和指导建议,帮助学生深化对英语知识的理解。此外,宽松活跃的课堂氛围也是确保教学效果的关键因素,教师在课堂教学设计中也要在综合考量学生的英语学习水平和需求的前提下,适当安排一些自主学习、合作学习、探究学习等活动,充分激发学生的学习兴趣,让学生积极参与到网络课堂学习中来。

4. 引导学生进行深度反思

教学反馈和评价是学生学习获得感的重要来源。传统教学中,教学评价主要以考试成绩为依据。深度学习理论则强调将教学评价的重点转移到学生的学习过程中,因为这样会更加激发学生学习的积极性。大学英语网络教学要持续性地关注学生学习的全过程,教师要对学生的学习情况进行及时的评价并反馈给学生,让学生充分了解自身的学习状况,并反思存在的问题,以及时进行调整和修正。教学评价要充分考虑学生认知能力,让学生充分感受努力学习的成效,获得自身成就感,从而更加具有学习的动能,将知识学习引至更高层次。

三、基于网络的大学英语自主学习模式

（一）自主学习的含义和理论依据

自主学习，即自我调控学习，能够体现学生的个体差异性。通常来说，自主学习是指由学习者依据自身状况和需求由自己制定并完成具体的学习目标，自主学习者要主动参与课堂学习，要对自己的学习负责。作为当前教育界大力提倡的一种学习模式，自主学习能力包括以下几方面的内容：第一，了解教师的教学目的与要求；第二，确立英语学习目标与制订学习计划；第三，有效使用学习策略；第四，监控学习策略的使用情况；第五，监控与评估学习过程。除了个体自学外，自主学习还有多种表现形式，比如老师和学生交互学习、小组合作学习、基于问题的学习等，这些外显的学习模式都考虑到了学习者的个性需求。

建构主义理论是自主学习的主要理论依据。从建构主义的角度来看，对知识的真正理解只能靠学习者基于自己的经验背景，在一定的情境下通过协作、讨论、交流、互相帮助，并借助必要的信息资源主动建构起来，这种建构是其他人无法替代的。建构主义学习理论强调学生中心论，认为信息加工的主体是学生，学生是知识意义的主动建构者。建构主义的教学理论则主张教师要成为学生主动建构意义的帮助者、促进者。他们不应该以知识灌输者和绝对主宰者的角色出现在课堂上，而应成为教学的有效组织者和指导者，引导学生主要通过自主发现的方式进行学习。建构主义学习理论与教学理论，为实现基于网络的自主学习提供了理论依据。

（二）网络教学模式对大学英语自主学习的积极作用

我国传统的教学模式注重课堂教学，把"教"置于"学"之上，让教师成为教学活动的主体，学生始终在被动地接受，缺乏学习的主动性。同时，每个学生的学习习惯、认知方式等也不尽相同。在这种情况下，网络开始被尝试性地应用到大学英语教学中。在网络教学模式下，学生可以充分利用计算机和网络营造的良好的语言环境和学习资源，扩大接触和训练语言的机会，培养认知能力，提高语言技能。

1. 网络技术的发展使教学形式个性化得以实现，促进了学生的自主学习

首先，大学英语教学中广泛运用计算机和网络，学生就可以从自身的需要、教学任务的要求、兴趣以及认知能力和方式出发，个性化制定自己的学习计划，这使得打破传统的教室教学模式成为可能。其次，以网络为基础的英语合作学习，可以提供实时交流，实现

真正意义上的学习互动情境。对于教学者也就是教师来说，教学方式也可以更加灵活，更方便针对基础不同的学生进行个性化辅导，因材施教。最后，对于母语为汉语的学生来说，英语是第二语言，根据第二语言学习的规律和理论，学习者的情绪对语言的习得有很大影响，而网络环境可以使教学轻松化和娱乐化。教师不在现场，学生就不会恐惧、紧张和焦虑，学习效果自然而然得到改善。因此，在整个语言习得过程中，网络技术为学生的自主学习提供了重要条件。

2. 丰富的网络资源为大学英语学习提供了开放性的学习环境

互联网就像一个知识宝库，网络资源广泛全面、类型多样、应有尽有，可以从不同侧面激发学生的学习热情。而且，网络资源具有便于搜寻检索、容易整合、实现优质资源共享以及快速更新等特点，学生能够随时了解自己所需的最新信息。在英语学习中，引导学生在浩瀚广博的知识网站中有目的地查找相关的资料，掌握语言文化背景，进行文化导入，不仅可以使他们主动学习，而且使他们受到不同文化背景潜移默化的影响，突破因无语言背景知识而导致的学习困难，促进跨文化交际能力和语言应用能力的提高。在网络学习环境下，学生的眼界开阔了，知识丰富了，在语料的积累、语言的巩固，尤其是语言的实践上获益良多。此外，普通院校的教师可以和名校的教师共享网络资源，借鉴其精妙独到之处，据此组织教学，优化教学内容，充分发挥学生自主学习的主观能动性和积极性。

3. 网络教学的特点是它的高度互动性

在传统的大学英语教学模式下，师生只能在固定的时间及空间里进行交流，而且由于各种条件所限，这种交流互动也仅限于教师、学生之间，学生和学生之间合作学习的机会不多。网络教学创建了一种前所未有的教学模式，大大加强了师生之间、生生之间的互动。教师将教学任务以电子公告板、电子邮件、QQ群及微信群等方式发布，学生通过上述渠道与教师互动，彼此讨论，提交作业，进行辅导答疑。网络中学生不仅在被动地接受，也在积极地表达。教师可以通过网络了解学生的学习状况和进展，根据学生的反馈完成对教学效果的评估，及时调整教学进度和教学计划。这种高度互动的模式契合学生的需要，对教学效果和学习效果的积极作用是不言而喻的。

（三）网络环境下培养学生自主学习能力的几点建议

网络教学的特点为学生进行有效的自主学习提供了极大的便利条件。但是有了网络教学不等于学生就学会了自主学习，学生的自主学习能力还需要进一步的培养。可以从以下几个方面着手：

1. 提高教师的主导意识

就语言教学而言,无论是传统方式,还是现代互联网下的新型教学模式,教师应该而且必须是教学过程的策划者、组织者和管理者,教师的主导地位不容削弱。只不过,教师的主要作用不再是提供知识信息,而是着重培养学生自主获取知识信息的能力。在整个教学环节中,教师的作用体现在两个方面:一是指明学习方向和主题;二是充分运用各种手段增加学习的趣味性,激发学生的求知欲。网络环境下,教师导学的关键是让学生有足够的学习动机,满怀激情,自信地投入学习中,并且在学习中感受成功的喜悦,最终把学习当作毕生的事业。

2. 加强学习过程监控,培养学生的自主反馈能力

学习监控是有效自主学习过程中很重要的一环,是针对学生的学习活动进行的计划、检查、评价、反馈、控制和调节的一系列过程,其目的是提高学习效果和质量,达到预定的学习目标。计算机网络技术提供了多元化的学习环境,便于充分发挥学习者的潜力,始终体现了以学习者为中心的自主学习方式。但现实情况是,部分学生自制力差,可能会利用网络去做一些无关学习的事情,比如看视频、打游戏、上网聊天等,所以,学生的自主学习,仍然离不开教师的监控和指导。计算机管理平台详细记录了学生的网上学习情况和网络测试情况,教师可对整个班级或某一学生的学习情况跟踪查看,及时发现学习中存在的主要问题。教师可采取多种方式进行监控,如学习者自我监控和同学间相互监控。在学生逐渐适应之后,减少外部监控,引导学生形成自我监控能力。教师还需要鼓励、监督学生进行学习探索和反思,逐步培养学生的自主反馈能力和自我反馈意识。例如,让学生记日记或建立记录学习情况的档案,里面不仅要记录学习内容和学习过程,还必须反思自主学习过程。学生能够对自己的学习过程进行反思,体现了学习由外在的压力逐步转向内在需求,这是自主反馈能力的表现。

3. 完善学习评价,促进学习的良性循环

网络应用于大学英语教学,必须具备完善的评价体系。学习评价是指对学生的学习评价,它是依据一定的标准,采取一定的手段对学生通过教学所发生的行为予以确定的过程。依据学习评价的实施时间以及不同作用,可将之分成诊断性评价、形成性评价和总结性评价,这一评价体系在英语教学实践中广泛应用,它对学习者的学习期待、提升学习动机意义重大。网络教学平台凭借计算机系统的独特优势,可以实时记录并公布学生形成性学习的状况,以便学生随时追踪了解,看到自己与其他同学的差距,找出不足,促进学习的良性循环。形成性评价与总结性评价相结合的评价体系能够客观地反映学生的实际能

力，让学生养成平时踏踏实实的学习习惯，也能大力促进英语教学发展。

4. 创建多样化的自主学习环境

（1）营造适合自主学习的课堂环境，如信息技术和海量的网络资源将视听说有效地结合起来，为学习者提供了真实的语言学习环境。

（2）组织各种各样的英语课外活动，如英文歌曲比赛、英语演讲大赛，设立学校英文广播电台，成立英语兴趣小组等，使学生有更多的机会接触、学习英语。

（3）建立语言自主学习中心，使之成为课堂教学的有效补充和延伸。

基于网络的大学英语教学既是英语教学现代化的标志，同时也是教学手段的重大变革。

随着大学英语教学改革的不断深入，自主学习模式也将得到进一步完善。网络环境下大学英语自主学习能力的培养将有利于提高学生的语言综合运用能力和独立解决问题的能力。

第三节　线上线下融合式的大学英语教学实践

一、线上线下教学研究背景

在移动互联和各种在线教育课堂深入日常生活的大背景下，随着国际工程教育认证的全面铺开，理工类高等学校的课堂教学也应顺应时代的发展，利用"互联网+"平台和线上资源，基于"产出导向法"理论，采取线上线下相结合的混合式教学方式，注重数据通信与网络课程的辅助，采取新的大学英语教学模式，有效地进行国际化沟通交流。

首先，在中国工程教育专业认证背景下，《工程教育认证标准》中第一项通用标准的毕业要求：能够就复杂的工程问题与业界同行及社会公众进行有效沟通和交流，包括撰写报告和设计文稿、陈述发言、清晰表达或回应指令。并具备一定的国际视野，能够在跨文化背景下进行沟通和交流。线上线下相结合的混合式教学方式，有利于培养学生利用专业英文进行交流和沟通的能力。

其次，随着教育国际化、人才培养全球化的加速改革，线上线下相结合的混合式学习课程权重的加大是一种与时俱进的教学改革，信息化教学资源环境下开展混合式教学研究，对于大力推进优质的课程资源建设，揭示内在的教学规律，提高教与学效益，提升教师的信息化应用水平和技能，开发学生的创造性潜力，促进高校的教育教学改革均具有重要的意义。

再次，线上线下相结合的混合式学习研究现已成为国内外关注的热点，从目前大学英语教学课堂内外所面临的问题出发，结合当前在线教育发展的新态势，开展基于"产出导向法"的大学英语教学本土化尝试，以探讨线上线下相结合的混合式教学模式的有效性与可行性，对于实现知识传递、知识建构和内化、知识巩固和拓展具有一定的现实意义。各高校完善的硬件配备情况也能很好地满足基于线上线下相结合的混合式教学模式的要求。因此，在我国高校大学英语教学中应用基于线上线下相结合的混合式教学模式具有可行性。

最后，目前国内基于"产出导向法"利用线上线下相结合的混合式教学模式培养学生的跨文化沟通能力还处于探索期，关于该模式的各种研究有待更多学者的积极广泛参与。线上线下相结合的融合式教学模式符合中国的外语教育发展趋势。随着逐渐深入的理论研究和不断拓宽的实践探索，线上线下相融合的教学模式将由局部试点发展到整体推进。

二、融合式的教学实践

（一）教学内容及面向对象

本课程是面向非英语专业本科生开设的语言类基础必修课，目标是培养学生综合应用英语的能力，尤其是学生的语言输出能力，使学生在以后的工作、学习和社会交往中能够利用英语进行有效的交际；注重学习策略的训练，增强学生的自主学习能力和终身学习能力；提高人文素养和跨文化交际能力，为社会培养具有国际视野的高素质人才。

（二）课程特色

具备平面及立体教学资源，学习评价机制完善，方便在校学生和社会人员学习和测验。在线课程建设，除了具备传统的课程标准、教案、教材等，还涉及重点知识点的微课视频及相关互动文化知识、游戏等，能够激发学习兴趣。该课程匹配的 APP 有利于学生在线互动，实时交流，保证教学效果。

（三）课程体系

以培养学生英语听、说、读、写、译等综合应用能力为主，重点提高口语和书面表达及翻译能力，并增加文化和专业知识拓展内容。

教学模式：3+1×3。第一个"3"是指综合学习，包括读写 2 节/周（语法、翻译等）、视听说 1 节/周（TED 演讲、文化知识等）。"1"是指实训课，即网络自主学习检查指导课 1 节 1 周。学生网络自主学习及课后测试，并进行口语活动。教师在网上检查学生学习的情况。第二个"3"是指 3 个学期。

（四）教学内容

第一个学期：注重纠正学生语音、完善语法体系，以及储备词汇。课程涉及的主要内容包括名词性从句、状语从句和定语从句等。在此基础上，侧重语言技能的培养，从听、说、读、写、译等语言能力入手，帮助学生过渡，实现从习得技能向产出技能的过渡。

第二个学期：强调增强学生的写作和翻译能力，调动学生的积极主动性，促进学生熟练地掌握并运用词汇和句式；学会鉴赏经典英文文学作品；在视听说方面，除了强化训练语音的准确性，还要组织学生就指定的话题进行小组讨论，进行互评和教师点评相结合的方式；在阅读能力方面，侧重词汇的拓展和对篇章逻辑性的把握，注重讲解阅读技巧；在翻译方面，侧重学生的汉译英翻译实践，辅以适当的练习及测试。

第三个学期：侧重培养学生的口语、翻译和写作能力，增加跨文化交际知识和所学的本科专业相关的英语知识等。在熟练运用词汇、句法和语法的基础之上，讲解英美文化、鉴赏经典英美文学作品；在视听说方面，选取英语国家广播电视新闻节目内容；在阅读方面，选取学生所学专业英语基础知识等训练内容；在翻译和写作技能训练方面，在基础训练的同时，侧重所学专业的文献资料和英语国家报刊上有一定难度的文章的英汉互译和写作实践。

（五）教学方法

在以学习为中心、学和用一体、注重培养学生文化交流和关键能力教学理念指导下，采用泛在的、多元化教学模式。将理论与实践相结合；独立学习与小组协作相结合；主题讨论与技能培养相结合；主题、案例、情境教学与任务型教学相结合；课堂讲授与反馈互动相结合，建立多样化的教学模式。

1. 考核办法

教师以周为单位跟踪、检查学生线上学习情况，记录学生的学习进度，管教并管学，线上监控学生学习时间和学时；定期组织在线互动答疑和讨论，检查线上学习内容并答疑，布置网上学习内容及进度，学生做学习交流；每学期第 2 周至第 12 周，每周安排教师在固定的时间上网答疑，记录和汇总学生所提出的问题，并于下一次课考核学生掌握情况。

2. 考试方法

综合课程包括听力考试。听力和综合课程按3∶7的比例记载综合总成绩。听力实训课程每学期末统一考试，不及格者须重修、补考，直至及格。

3. 成绩评定

综合课程：平时成绩占比40%，考试成绩占比60%。过程性考核成绩由学生网上自主学习自测成绩、单元测验的成绩和课程视频、访问次数、随堂测试和平时作业综合记载而成。

听力实训课程：平时成绩占比40%、考试成绩占比60%（试题难度相当于大学英语四、六级考试水平）。

4. 构建基于O2O模式的大学英语翻译、写作教学模式

线上内容包括资源交流、网上实训和作业三个部分。线下内容包括行为干预、人工干预和指导答疑。

资源交流：教师上传可供学生线上学习的优秀的翻译、写作范文资料，学生可以在任何时间、任何地点获取学习资料。平台同时为学生提供同步（虚拟教室）以及异步（讨论板）交流工具，增强学习效果，通过讨论板、实时的虚拟教室互动和小组交流实现协作学习。

网上实训：有规律地进行网上练习，根据A、B、C不同级别学生的情况，选取有针对性的练习内容，范围涉及语法现象、词汇搭配。能够重复范文中的精彩部分及重要环节。

作业布置：在资源交流及网上实训的基础上，按教学进度定期发布作业，难度相当于四、六级水平，限定作业完成时间，鼓励学生按线上提示多次修改以完善翻译及写作篇章。

行为分析：观察网上记录的学生学习行为，分析线上数据，制定、调整教学内容。

人工干预：线上批改在词汇方面给予学生的反馈信息较多，但是语法、逻辑性、篇章结构以及思想内容方面需要教师进行人工干预。

指导答疑：做好教学辅导工作，进行词汇、语法、句法及结构的分析展示及拓展练习，并根据学生完成情况，有针对性地进行课堂点评。

三、教学理念

（一）强调以人为本的教学理念

现代教育重视强调以人为本，把重视人、理解人、尊重人、爱护人、提升和发展人的

精神贯彻于教育和教学的全方位、全过程。

(二) 增强素质教育的教学理念

传授知识、培养能力与素质在人才培养过程中是辩证统一、协调发展的。以帮助学生学会学习、强化终身学习意识和素质养成为根本的教育目标，旨在全面开发学生的潜能。

(三) 提倡创造性思维的教学理念

加强创新与创业教育，并促进二者的有机融合，培养创新、创业型复合型人才成为现代教育的基本目标。

(四) 强化学生主体性的教学理念

从传统教育强调的以教师为中心，转变为以教师为主导、以学生为中心、以活动为手段、以实践为保障，倡导自主教育和快乐教育，培养学生的学习兴趣和良好的学习习惯，使学生能够积极主动地去学习。

(五) 支持个性化发展的教学理念

现代教育强调尊重个体的个性，鼓励学生个性化发展，主张针对不同的个性特点采用不同的教育方法和评估标准，为所有学生个性化发展创造条件。

(六) 倡导生态和谐的教学理念

现代教育大力倡导"和谐教育"，注重有机整体的"生态性"教育环境的建构。

四、教学设计的特点

(一) 教学设计的教育性

在我国以应用型为主的高校课堂教学中，都不同程度地存在重传授知识和技术、轻教育的现象。为了增强教学的教育性，形成全方位育人的格局，教学设计必须遵循教学的规律，而且考虑到高素质应用型人才必须适应社会需求、为社会服务，除了掌握岗位所必需的相关知识和技术外，要先学会如何做一个合格的社会人。要做合格的社会人，就要强化教学的教育性。因此，培养学生养成终身学习的良好习惯，是高等院校教学教育性的重要体现。可以借鉴材料中提供的案例，对个人发展进行统筹规划；也可以根据院校教育性的标准，深入剖析个人的优缺点；还可以通过与其他公共课和专业课课程内容的结合，提升学生批判式思维的意识与能力。

（二）教学设计的实用性

服务社会必然要培养应用型人才，因此，在课堂教学中体现实用性，是教学设计的基本要求。教学实践补充了语言学习特点和技巧，并启发学生结合自身专业进行相关领域的语言学习，把英语学习和专业学习有机结合起来，实际应用价值较强。

第四节 基于微信平台的大学英语教学设计及实践

一、基于微信的大学英语混合式教学研究

"互联网+"时代，数字化校园建设的完善，智能手机的普及为网络教学提供了基础保障，微信是可以实现语音、视频、图片等多种形式的通信工具，已成为人们生活中的主要通信手段。人们现在可以通过微信进行交流，尤其是现代网络技术越来越成熟，微信平台的应用越来越可靠，为学习大学英语的学生提供了方便。教师可以在微信平台上进行学习资料的上传，微课、慕课、翻转课堂等在大学英语教学中的应用，对提高学生学习兴趣、激发学生学习潜能起到重要作用。

（一）微信对大学英语混合式教学的应用意义

大学英语是高等教育的基础课程，作为语言课程需要大量的练习，这是学好语言课的基本方式。但现在高校英语课的学时数偏少，尤其应用型本科学时数更少，还有学生英语的基础普遍薄弱，对英语学科的学习兴趣不高，利用传统的教学方法不能提高学生学习兴趣，教师在讲，学生被动地听，课堂教学效果不好。在大学英语教学中引入微信混合模式教学，对提高学生学习兴趣起到重要作用。兴趣是最好的老师，学生学习有了兴趣，在课堂上才能主观参与到英语教学中，让学生成为英语课堂上的主角，充分发挥学生学习的主观能动性。教师可以在微信上布置学习任务，上传学习资料，有效解决了学生预习、复习、自主学习的问题。遇到学习上的问题，学生之间、师生之间可以通过微信平台进行交流，及时解决学习上的问题，对提高学生英语知识的应用能力起到促进作用。当代大学生接受新鲜事物能力强，微信是大学生的主要通信工具，其功能强大，具有一定的趣味性，

教师可以根据学生学习情况分层制订学习计划，学生也可以根据自己的英语水平选择适宜的英语教学模块进行练习。微信教学模式打破了传统的英语教学模式，学生学习可以不受时间、空间的限制，学习时间灵活，方便了学生自主学习，对提高学生英语知识的应用能力起到重要作用。

（二）基于微信的大学英语混合式教学模式的构建

1. 课前导入

课前导入是大学英语教学设计中的重要过程，课程导入对提高学生学习兴趣起到重要作用。教师通过微信平台就能给学生布置预习任务，同时把课堂上涉及的课件、视频、图片、重点知识点都上传至微信平台，让学生对本次课堂教学有一定的认识。在课堂教学中教师搭建教学平台，让学生成为课堂主体，学生在课堂上积极参与，提高了课堂上师生的互动性，提高了课堂的教学效果。一些英语的基础知识，通过微信平台，课前学生能够基本掌握，在课上，教师主要布置英语的综合知识，比如阅读理解，可以提高学生英语知识的应用能力，提高发现问题、解决问题的能力，增强了学生的创新意识，提高了学生创新能力。

2. 课中阶段

微信在大学英语课堂教学中的应用，打破了传统的英语教学模式，符合现代大学英语教学需要，能为社会培养需要的应用型高级技师人才。课中阶段主要包括讨论成果的汇报和师生互动，每个小组的报告员将小组讨论成果展示出来，可以借助 Word、PPT 等工具增强演示效果，其他小组成员要耐心倾听并打分，取平均分作为该小组的最终成绩，得分最高的小组获得优胜，由教师颁发奖励。这是教学改革的重要一步，平时项目成果作为期末成绩的重要依据，考试改革是大学英语改革的重要环节，符合高校教学改革的需要。在师生互动环节，学生要在微信学习群中提出自己的疑惑，其他学生为其解答，教师要将学生遇到的共性问题以及英语知识的重点、难点归纳总结，集中为学生答疑，以启发学生的思维，巩固学生的基础知识，保证微信教学的实效性。微信在大学英语教学中的应用，对提升大学英语课堂教学效果，提高课堂教学质量都起到重要作用。

3. 课后拓展

课后拓展是提高大学生英语水平的重要环节，微信平台的应用为大学英语课后拓展起到重要保障作用。大学生课下时间丰富，但大多数学生不能自觉在课下进行知识补足和拓展。利用微信平台，教师可以推送更多的英语资料，最终将混合式英语教学模式进行实践。教师可以将拓展资料进行相应分类，如文字阅读类、听力语音类、重点词汇语法类等。

二、基于微信平台的大学英语教学设计与实践分析

移动通信在近些年发展迅速，手机上网正在全面普及，尤其对大学生来讲，手机上网已经成为主要的上网方式。

（一）微信平台在大学英语教学中的应用价值

1. 具备可操作性

微信的使用目前已经非常广泛，尤其对当代大学生来讲更是普遍，且微信平台对于硬件的要求并不高，很多移动平台都支持该软件的下载，加之操作简单而快捷，还有强大的应用功能。微信的设计基于人性化考虑，所以适用于各种场景。微信的多样化功能在学习中都能加以利用：其一，聊天功能，微信在聊天中可以发送文字和图片以及视频和语音，还可以实现多人同时通话。其二，即时对讲，根据需要可以建立起两人或者多人的对讲室，给学习和讨论提供了条件。其三，分享功能，也就是微信中的朋友圈，可以通过文字、图片、视频和转载其他人的内容与大家实现信息共享，其他人可以通过点赞和评论来表达各自的观点。其四，具备记事和收藏功能，记事的方式非常多样化，包括语音、文字、图片和视频等，还可以将自己感兴趣的信息和长篇内容纳入收藏，便于日后查看。其五，群发功能，可以用群发助手为多人同时推送信息。其六，公众平台服务，目前微信已经发展出了众多的公众服务平台，包括企业和个人，所提供的信息非常丰富。

2. 优势分析

当代教育中，尤其是大学英语教学，其与互联网和多媒体技术之间都存在密不可分的关系，其中教学软硬件也与之密不可分。大学英语教学环境主要包括数字语言实验室与多媒体课堂，最为常用的当然就是多媒体课堂。但在实际教学中多媒体课堂并不能发挥最佳效用，而数字语言实验室的各项技术正在飞速发展中，逐渐能够满足现代英语教学的需要，但其缺点就是应用成本太高，从而不利于普遍使用。当下的大学英语教学主要以大班授课为主，也并不适合使用语言实验室。此时微信平台就展示出了其优势，能有效推动英语教学改革，为优化英语教学环境提供了有力帮助，具有很强的应用价值。

(二) 基于微信平台设计大学英语教学的思考和建议

1. 体系化设计

数字化和信息化技术已经趋于完善和成熟,并逐步被应用到各个社会领域,大学英语教学也应该加强自身对信息化和数字化的利用程度,微信平台能为大学英语的移动式学习提供基础条件,以此为基点能有效推动英语教学的改革和创新。移动学习支持平台中提供的接口能与微信实现实时对接,所有的作业和学习材料都能通过该接口实现快速交互,从而丰富了课堂环境,提供了多层次服务。

微信平台在使用中还有很强的灵活性,甚至可以在线考试,传输资料和在线学习更是方便,还具有创新的智能手机动画渲染功能,提升了用户体验。通过拓展传统信息技术和移动新技术,将其有效地结合,就能让手机核心业务和访问模式实现良好的集成效果,从而提升用户的使用率,同时也提升了竞争力。整个体系化设计主要包含了终端层、接口层、应用层以及数据库,终端层指的就是微信软件和浏览器等;接口层指的是微信与第三方的连接口和 JSON 接口,以满足手机和其他移动端的使用;应用层指的是服务和工具组件,满足用户的日常应用和系统管理等需要;数据库就是所有文件的集合,包括人员、权限和课件等信息。

2. 接口传输

以上对体系化设计展开了讨论,已经明确微信平台需要四大组成部分,在 HTTP 传输协议的帮助下微信终端就可以实现信息传输功能,通过服务器的转化和处理之后就能快速传输到用户终端,从而完成了信息传输。每个终端之间都需要接口层的转换才能实现信息交互,需要对收到的信息进行处理和分析,需要一定的响应时间才能传输到终端,从而也保证了信息传输的安全性。

(三) 基于微信平台的大学英语教学实践分析

1. 课前分析阶段

基于微信平台的大学英语教学是一个系统化设计,课前分析就是重要的起始阶段。在大数据的帮助下,课前分析能将以往的教学经验和教学效果进行分析和整理。最直观的就是对以往的教学成果和教学经历进行分析,包括学生的考试成绩,从中分析出学生最易获取知识的途径和学生最为感兴趣的教学内容,从而为数字化提供参考依据。此外,还要注意分析当下学生的自身特点,尽可能地实现全面分析,了解目前大学生的微信使用习惯和使用特点等，从而为数字化学习模式提供更多帮助。通过以上分析就能基本明确数字化教学的方向和目标，之后就是交互学习阶段，这首先需要了解大学生的英语专业水平，其次还要了解学生的基本特征，对其学习能力和学习潜力进行综合评估，只有这样才能设计出符合学生兴趣和需要的课件内容，才能把控好学习进度。在交互阶段的基础上还需要制定出明确的学习计划和目标，还可以设置出更有吸引力的学习主题。制订好计划之后才能找到最有效的学习方法和学习策略，要注重学生的整体提升水平，避免少数学生掉队。除此之外还需要制定考核制度，具体的考核制度可以设计得更为灵活和科学，让学生在学习中拥有适当的选择权，培养学生的积极性和主动性，但教师需要对学生做出的选择给予引导和回应，确保学生不偏离学习目标。

2. 用数字化完成辅助教学

大学阶段的英语学习更不能只停留在单纯的学科教学中，要与大学生的整个学习过程相结合。为学生制定明确的课前目标具有很强的引导作用，让学生对课程内容有了初步的了解和理解。自主性学习是目前比较推崇的学习方式，具有很强的针对性，课前学习可以根据学生的自身情况来展开，这需要先对课程内容进行综合性的深入分析，之后再将学习内容发送到微信平台上，从而达到自主性学习的目的。教师还可以设置学习小组，每当学生有疑问就可以在线提问，让交流更加及时和有效。在日常的课堂教学中也可以借用数字化来完成辅助教学，以学生的兴趣爱好为出发点，尽可能让学生在轻松愉快的氛围中完成课堂学习，激发学生的主动参与性，从而有助于提升大学生的综合素养与实践能力。教师可以为学生布置有趣的课后小测试，通过丰富多彩的小测试来检验学生的学习效果以及对英语知识的掌握情况，从而得到更加客观的结论。在整个英语学习中，教师需要借助数字化来进一步巩固教学成果，积极为学生答疑解惑，指导学生顺利地完成学习目标，根据测试结果不断调整教学内容，从而优化学生的知识结构。

3. 把控学习节奏

把控学习节奏在教学管理中非常重要，这种能力需要贯穿于整个学习过程中。微信平台还具有非常强大的储存功能，可以记录和储存学生的所有学习内容，从而为教师提供切实的参考依据，还可以随时检查学生的学习进程。课前目标设置能让学生提前进入学习氛围，课堂上应该为学生设置有趣的讨论题目，鼓励学生展开积极讨论，教师此时需要把控好进度和节奏，对学习中的难点和要点进行有效融合，为学生提供更多的视角和思考路径，激发学生进行自主思考。若在课堂中发现个别学生没有进入讨论状态，或者未跟上学习进度，就需要教师在课后与其进行私信交流，积极回应学生的疑问，鼓励学生主动参与学习和讨论，帮助学生解决和应对学习中遇到的困难，确保其能顺利完成教学目标。

4. 意见反馈和评估

这里说的意见反馈和评估主要针对大学英语教学，以往在教学活动中也有相应的反馈和评估制度，但其缺点是时间跨度较长，具有明显的滞后性。微信平台在很大程度上解决了时间跨度的问题，这种反馈具有很强的具象性和真实性，可以将反馈和评估落到实处，比如一节课或者是一个小的知识点，让教学质量得到了进一步的保证，提升了监督效果。同时教师也能及时了解和掌握学生的有关情况，从而反观自身的教学方法和教学质量，根据实际情况不断进行优化和调整。反馈意见和评估可以设置在课前分析阶段中，视情况不断进行完善，确保意见反馈和评估功能得到有效的发挥，对于出现的问题要及时解决和应对，让意见反馈和评估实现自身应有的价值，从而为课前分析提供更多的信息和依据。

综上所述，微信平台是数字化和信息化发展的产物，基于微信平台的大学英语教学设计十分必要，有助于进一步推动教育改革，是数字化教学和移动化学习的重要方式之一。微信平台的使用不但开阔了学生的视野，也让师生之间的联系更加紧密，有助于学习氛围的营造。与以往的教学方式相比，微信平台能激发教师的创造力和想象力，也有助于了解学生的实际情况，充分发挥教师在学习中的地位，其应用价值还有待进一步研究和探索。

第五节　慕课环境下大学英语混合式教学研究与实践

一、慕课背景下的混合式英语教育

（一）慕课背景下"混合式教育"在英语教学中的应用

现在大部分的学生拥有计算机的环境，并在此支持下展开相应的学习。在这种条件下，可以将慕课的教育模式纳入其中，充分发挥其优势。很多国家早早将英语作为第二语言，我国学生从很早开始就学习英语，且社会上对英语水平也有限制，可见其重要性。传统的英语教育模式十分枯燥，模式也单一，无法激起学生的学习兴趣。二者的出现，在一定程度上给传统的教育带来了冲击，原有的英语教学资源在其刺激下重新整合，优质的英语教学资源浮出水面。而混合式教育，作为一种新的教育模式，教学资源的优质充分，有很大的价值和活力。

综合上述，教育领域应与时代接轨，将互联网技术与英语教育有效结合，为学生提供更好更优的学习环境。

(二) 存在的问题

虽然跟传统教育模式相比,在"慕课"背景下的"混合式教育"有许多的优点,但也存在很多的不足。

目前混合式教育实施过程中主要面临的问题有四个。首先,不愿接受新的教学模式。大部分教师都有多年的传统教学经验,改变教学模式意味着重新学习和重新积累。对于年轻的教师来说,学习新的教学模式没有问题,但对年纪大的教师,新的教学模式学习的过程及成果不佳,且其本身不愿意进行改变,导致无法发展。其次,教师对混合式教学的理解力不够,对新式教学技术不熟悉,导致最终教学结果差强人意。由于慕课及混合式教育的发展时间与传统的教育模式发展时间相比较短,所以大部分的教师对两个新的教育模式了解程度较低,更不懂得新的教学模式和教学设备应如何应用,这会导致新的教学资源的浪费。再次,实际教学情况不允许教师做出改变。每个学校的教学进度、学生的成绩和学生作业批改等任务是有所不同的,有些高校教师的任务十分繁重。对于教师来说进行混合式教学设计需要更多的时间和精力,但教学任务的繁重将导致混合式教育的设计大大削减,所以使教师不能做出改变。最后,缺乏支持。高校对新的教学模式不给予大力推广,对构建混合式教学体系的重视力度不够,且对教师提供的技术支持不够,所以教师很难有积极性。加上面对学校的压力,老师面对的困难和挑战是十分巨大的。

(三) 解决方式

现如今,要推广新的教育模式。首先,对于不愿意接受新的教育模式的教师,学校要采取强制措施,老师在学生学习的过程中起到很大的作用,所以凡是对于学生有利的学习方法,老师都要去学习且尝试。其次,由于慕课和混合式教育的发展时间较短,且推广的力度不够,老师和同学无从获知详细的相关信息,所以各高校要对新的教学模式实行大力的推广。对于新型的教学设备,学校要请专业的技术人员来进行讲解,如果导致教学资源的浪费,这对学校和学生来说都是很大的损失。再次,教师的教学任务不同,教师每个人的任务繁重程度也是不同的。既然要应用新的教学模式,传统的教学模式也要做出相应的改变。每个老师可以根据自身的情况,相应地减少传统的教学任务,对混合式教学的设计进行调整。最后,高校要大力推广慕课和混合式教育这两种新型教育模式,让学生和教师了解并寻找适合自己的学习资源。学校要给予教师一定的政策支持和奖励机制,适当改变教育进度,使教师愿意接受并学习这种模式,也有利于学生的学习。在此支持下,教师可以获取更多的知识，了解更多的渠道，更好地发展混合式教育模式的优势，对学生的学习有很大的帮助。

现代社会是信息发展的时代，"慕课"和"混合式教育"作为这一时代发展的产物，对教育发展产生了重大的影响。由此可知，探究"慕课"背景下的混合式英语教育有重要的研究意义。

二、慕课环境下大学英语混合式教学模式研究

随着"互联网+"概念逐渐在国内应用，传统教育行业正逐步转变教学思路。高校多年来致力于改良内部课程体系，重视应用时代新兴产物。国内部分高校正将"互联网+"作为核心改造思路，优化内部大学英语教学体系。慕课视频是"互联网+教学"概念内的核心产物，以线上教学为特征，具有无限制、专业性强等应用优势。虽然部分高校英语教师正在应用慕课视频创新教学体系，但未能达到预期的效果。

（一）慕课与混合式教学的概念及特征分析

1. 慕课的概念及特征

慕课即为大型线上教育课程，是互联网时代的特殊产物。慕课以线上教育作为属性，具有三个特征：其一，参与慕课教育无条件限制。当人们拥有网站账号后，可随时随地点播慕课课程，参与学习。即使观看者与慕课内教学者的学籍不同，也可自由观看。同时，社会人士以及在校学生，均可随意点播慕课视频参与学习，在特殊的讨论板块内交流课程知识。慕课的"无条件限制"特点，是线上教育独有的教学优势。其二，慕课教育具有无时间限制的特点。当代人空余时间偏碎片化，生活节奏快。慕课教育视频支持全天点击，随时随地，只要学习者拥有空余时间和稳定的网络，就可以进入慕课空间内观看视频进行学习。其三，慕课教育无空间限制。传统课堂教学需要在固定的教室内开展。慕课教育以互联网为依托，只需要固定的观看工具和网络，学习者可在任何地点观看教育视频。

2. 混合式教学的概念及特征

混合式教学即为线上教育+线下教育。混合式教学诞生于互联网时代，是当代教育机构为提升教学体系质量所提出的优化举措。在教育者眼中，线上教育与线下教育具有不同的优势，舍弃任何一方，均会对教育事业造成负面影响。因此，教育者将两种教育形式融合处理，既可利用线上教育，提升学生接受知识的主动性，也可利用线下教育，为教师提供监控空间，夯实学生知识点的实践能力。混合式教学同样具有三点特征：其一，混合式

教学具有丰富的线上资源，包括文本资源以及视频资源；其二，混合式教学拥有线下活动，活动内教学目标更加高级；其三，混合式教学拥有完善的评估体系，可对学生学习过程进行全面评估。

（二）大学英语教学中应用混合式教学的必要性

1. 可提升学生课堂参与积极性

大学生对混合式教学抱有积极态度。具体原因有二：其一，混合式教学可将学习的主导权交给学生。学生可在课余时间自行选择学习时间、学习地点，不受时间和空间的限制。当学生学习行为自由后，学习情绪会被调动起来。其二，混合式教学模式中，包含大量的群体活动和趣味活动。大学生思维相对活跃，渴望在课堂中参与集体活动。混合式教学模式可满足大学生英语学习需求，学生需求被满足后，课堂参与积极性将显著提升。因此，在大学英语课堂内应用混合式教学模式，具有可提升学生课堂参与积极性的优势。当校方或英语教师试图转变学生学习情绪，提升英语课堂教学的响应效果时，应用混合式教学模式十分必要。

2. 可创新师生相处模式

传统英语教学模式中，师生相处模式较为单一，交流交集点以课堂提问为主，教师占据主导者地位，操控交流课题，控制交流时间。该交流模式内，学生无法就英语学习中产生的疑问及时与教师交流。每学年内，一旦学生积攒过多疑问，其学科成绩将处于不理想状态，英语知识点应用能力也将陷入无法发展的状态中，不利于学生提升自身的就业竞争力。在影响大学生学习英语的诸多因素中，教师为核心因素。混合式教学模式中，教师需要与学生在互联网空间内交流，学生将成为交流主导者。当师生交流次数增加，交流专业性不断提升时，学生与教师的相处模式将以高质量、高效率作为主要特征。该特征可帮助学生开展学习，定时为学生提供教学服务。因此，在大学英语教学中应用混合式教学模式，具有明显的必要性。

3. 可督促教师升级个人技能

应用混合式教学模式，要求教师必须拥有熟练的互联网操作能力，以及视频、PPT 制作能力。目前，绝大多数年轻教师具备互联网操作能力，但视频录制、编辑、剪辑能力较差。中年教师拥有基础计算机操作能力，互联网技术与视频剪辑技术基本空白。未应用混合式教学模式时，教师可在互联网内下载 PPT，在课堂中应用。应用混合式教学模式后，教师自身必须掌握计算机、互联网等操作技术。因此，以督促教师升级个人技能为目标，应用混合式教学模式十分必要。

三、慕课环境下大学英语混合式教学模式研究与实践

（一）慕课环境下大学英语混合式教学的优势

慕课教学的优点就是多元化的课程，学生学习的地点也相较传统教室教学要灵活些，与此同时，由于在线教学这种模式较新颖，可以提起学生学习英语的兴趣。最重要的一点就是，外国高校以母语式教学的方式传授英语知识，其在现实生活中的应用度更高一些，并且课程全部免费。传统教学和慕课教学都有其优缺点，两者结合取其优点再应用到大学英语教学过程中，可以有效地提高我国大学生英语听说的能力，并且将其在大学所学的英语知识有效地应用在以后的工作和社交中。

（二）混合式教学在大学英语教学中的妥善应用

实际上，大学生学习英语并不只是为了应付考试，而是为了与国际接轨。

英语作为世界通用语言，用到的地方自然很多，我国高校应把教学目标加以更改，为了学生能在现实生活和工作中使用英语交流，应脱离课本，多多引进慕课平台上一些世界知名高校教授学者的英语课程，并且提供给中国的大学生，让他们自主选择在线教学的课程。让学生选择适合自己的慕课教程是最好的方式。然而由于现代高校还无法做到让学生自主选择课程，那么就需要教师来做选择了。教师需要在上课之前，将课上要用的教程根据学生英语掌握情况以及本专业的特性进行精心挑选，在不脱离教学大纲的基础上将专业英语知识教授给学生。另外，教师在自身掌握多媒体设备应用技术的同时，还要为学生答疑解惑，帮助学生更好地使用多媒体设备学习英语知识。这对教师的要求非常高，现代通信设备发达，多样化的通信选择可以帮助教师和学生建立良好的沟通桥梁，比如手机微信，教师可以建立微信群，将学生都拉进群里，当任何学生有关于英语学习相关的问题，都可以在群里询问教师或其他同学，教师也可以在群里发布学习信息。比如本星期英语课程完成目标和学习内容的概要等，学生可以根据学习内容在本校的慕课平台寻找教程自主预习将要学习的知识，然后带着不明白的问题和自己了解到的知识进入到课堂教学中。线上线下双管齐下、扬长避短，是混合式教学在大学英语教学中最妥善的应用。

慕课环境下的大学英语混合式教学模式的应用，不但激发出学生学习英语的兴趣，还可以在英语课程学习的过程中培养自主学习的积极态度。未来高校的慕课教程会越来越多，相信大学英语教学效果也会越来越好。

第五章
大学英语教学课程建设的路径

第一节 大学英语课程设置的改革与需求分析

大学英语课程设置是大学英语教学中至关重要的一个环节，也是培养高素质英语人才的关键。如何高质量地培养既懂专业又通英语的复合型人才成为高校教改工作的重中之重。固有的英语教学模式，尤其是大学英语课程设置模式，已经远远满足不了现代社会对人才培养的要求，大学英语课程设置改革势在必行。

一、大学英语课程设置改革思路

大学英语的教学目标是培养学生的英语综合应用能力，特别是听说能力，使其在今后学习、工作和社会交往中能用英语有效地进行交际，同时增强其自主学习能力，提高综合文化素养，以适应我国社会发展和国际交流的需要。首先，要确保对学生进行以提高听说能力为基础的综合实用能力的培养；其次，要以专业发展和国际交流为目标，进一步加强对学生学术英语能力的培养；最后，要因材施教，对不同层次的学生进行分级授课、分班教学、分层培养。

首先，压缩通用英语（EGP）的学习时间，调整学制，由二年减少为一年。力争用一年时间，完成原来两年才能完成的教学任务。通过课时调整，使原来较为分散的通用英语教学变为适度集中教学，既节约了学生的时间，又提高了学习效率。

其次，开设过渡性专业英语（ESP）课程，经过一年通用英语的学习，积累一定的基础后，将学制调整中节约出的一年，用来开设专业英语课程。如在动科学院开设科技英语、动植物检疫专业英语，在农林学院开设园艺英语，在经管学院开设金融英语、物流专业英语，在文学院开设文秘英语，等等，这有助于提高学生的学习兴趣，提升学生的英语水平，使学生的专业知识和技能得到更大提高。

再次，引导和鼓励学生结合将来求职取向，选修其他学院的专业英语课程。例如，鼓励农学专业的学生选修园艺专业英语课程，兽医学专业的学生选修人体解剖与组织胚胎学专业英语课程，等等，使学生的知识面得到进一步拓宽，知识结构得到进一步优化，英语应用能力得到进一步提高。

最后，针对学生的就业需求和学生知识水平的差异，推出不同的英语教学模块。对基础较好的普通高中生源，主要进行目标较高的针对六级英语考试的教学，还可以让他们选修能提高文化素养的英美文学、欧美文化等课程。对于基础较差的高职生源，主要进行通用英语基础教学，辅之以内容稍简单的英语视听说、英美小说阅读等选修课程，使他们尽可能通过四级英语考试。

大学英语课程设置改革是大学英语改革的方向，各高等学校应根据实际情况，将综合英语类、语言技能类、语言应用类、语言文化类和专业英语类等必修课程和选修课程进行有机的结合，以 EGP 教学为基础，以 ESP 教学为抓手，根据各院校实际、专业特色和学生情况的差异，构建起适合本院校教育教学特色的课程体系和教学模式，确保不同层次学生的英语应用能力得到充分的发展。

二、学分制下的大学英语课程设置

学分制条件下，大学英语课程设置必须突出个性化和多样化，以达到巩固语言基础和提高综合应用能力和文化素养的目的。

（一）学分制教学的特点及对课程设置提出的要求

随着高校教育体制改革的进一步深入，学分制已经逐步代替传统的排课制，成为一种主导的教学管理模式。它是一种以选课为核心，以教师指导为辅助，通过绩点和学分，衡量学生学习质和量的综合教学管理制度。在学分制条件下，学生学习有更大的自主权。他们不再需要严格按照教学大纲和教学计划安排，在指定的时间和课堂学习规定的课程，并通过考试，以便在四年学习之后，能够获得相应的学历和学位。根据学分制要求，学校制订更有弹性的培养计划，依据大纲开设大量专业类和通识类课程，供学生选修。而学生则可以根据自己的能力与兴趣，选择专业方向，安排个人的修学计划。在选择了需要修读的课程后，学生可通过课堂学习及自我研修，完成学习内容，只要通过课程规定的检测（考试或结业报告等），即可获得相应的学分。并且在大学学习期间，学生只须修满教学计划规定的毕业总学分，思想品德经鉴定符合要求，即可毕业。学分制的实行，以选课代替排课，能够激发学生的学习积极性、主动性和独立性，有利于因材施教，有效地开发学生的潜能。学生是教学的主体，他们的需求是教育改革的出发点。在现阶段下，由于高校的扩招和全民对教育的重视，越来越多的适龄青年走进大学校门。他们之间在学习动因和学习能力等方面存在着巨大的差异，也对大学教育的个性化和多样化提出了要求。而要充分发挥学分制的优势，实现因材施教，就需要对学分的载体——课程的设置做出相应调整，使其也体现出个性化和多样化，才能满足不同能力层次学生的学习需求，使所有学生都能找到实现其学习目标的课程，调动其学习兴趣和积极性，进而推进个性化教学的发展，真正做到因材施教。

（二）现阶段大学英语课程设置的特点及存在的问题

现阶段大学英语课程设置分为两大块：基于学生自主学习的听说训练和基于课堂教学的读写实践，但这两大块的内在联系一直没有得到应有的重视。在大学英语四、六级考试的引领下，部分教师只着力提高学生的听、说、读、写各个方面的语言技能，忽略了学生实际的应用能力培养；部分教师强调语言的输入，通过模仿类比实现交际目标，而较少鼓励学生基于交际主题和环境的创造性发挥；教师强调语言基础的牢固，而对于学生的学习兴趣、语言素养的培养以及语言学习和专业学习的联系等方面，关注甚少。课程设置中的这些问题不解决，显然不利于学分制的推行和大学英语教学目标的实现。

（三）大学英语课程设置改革探讨

课程设置是教学培养模式、教育理念的具体体现，也是培养目标和原则的具体体现。目前我国大部分高校实施的都不是完全学分制，也就是说，学生选课不是任意的，而必须在一个大的框架下，依据专业培养计划，学院规定的专业及公共必修课，加上一定的限选课及公共任选课，以获得毕业所需要的总学分。就拿大学英语来说，大部分高校将它定为公共必修课，要求学生学习四个学期，获得十六个学分。但在学分及选课制下，学校应提供从基础训练到专业实践等各种层次的英语课程，以供学生根据自己的需要，在他们认为适合的时间进行学习，从而使他们能从选修课程中获得最大的收获。

学分制的实施，大学英语课程设置的多元化，以满足学生个性化的需求，是建构主义哲学观在英语教学实践中的重要体现。该理论强调学习材料的意义建构是学习者在学习环境中通过个人构建的方式完成的。英语教学应注重以学生为中心的原则，确立学生在学习过程和认知过程中的主体地位，强调学生对知识的主动探索、主动发现和对所学知识意义的主动建构；教师作为学生建构意义的帮助者，课堂教学中，他们引导学生认识任务意义，建立胜任感；并在可能的条件下组织协作学习，设法把问题一步步引向深入以加深学生对所学内容的理解；他们还要启发诱导学生自己去发现规律、自己去纠正错误的认识和补充片面的认识。基于建构主义的这些理论和原则，大学英语课程设置应该注重学生的个体差异因素，为学生建立良好的学习环境，并不断建构语言知识，发展社会能力。

学分制对大学英语的课程设置提出了更高的要求。它需要构建一个层次更细化、备选课程更丰富，覆盖从基础语言训练到高级拓展应用的更完整的课程设置体系。可通过以下路径来完善大学英语课程设置的措施。

1. 分级教学

即使是基础语言课程，其所面对的学生的层次及学习能力也存在较大差异，分级教学才有助于满足学生不同层次的需求。学分制下学生选课有较大的自由，但也存在一定的盲目性。一些学生不清楚自己的实际水平，选择过难的课程，无法完成学习；也有学生为了方便拿到学分，选择较易的课程，这也达不到学习的效果。学校可以通过新生分级测试，帮助他们了解自己的语言层次及提高的空间，再辅以教师的指导，学生便能较正确地选择适合自己的英语课程。

2. 模块教学

学生对大学英语不同层次的需求，还体现在不同的学习目的。随着中学英语教学要求的提高，许多大学新生就已经具备了较强的语言基础，也对大学英语教学产生了更高的需求。本着培养有较高文化素养和较强实践能力的复合型人才的宗旨，大学英语教学应考虑学生专业特点、学生个性的发挥与能力的可持续发展，以构建以人为本的课程体系，给予学生更多的学习自主权。将提高型的语言课程分模块设置，学生可以根据自己的学习能力和专业需要，按模块或跨模块选修实用的英语课程。目前大学英语主要提供有三大模块类课程：语言应用类包括高级英语、商务英语写作等，语言文化类包括英美概况、跨文化交际和英美文学选读等，而专业英语类更是涵盖了科技英语、商务英语、法律英语、艺体英语等各个方面。

3. 网络教学及自主学习

网络教学有着传统教学无法比拟的优越性，它不仅能提供无限的学习资源，更突出体现个性化与自主性学习的特色。计算机及网络可提供视、听、读等多媒体语言输入，同时又给学生提供进行单独反复的语言训练的便利，尤其适合听说训练，使学生可根据自己的特点、水平、时间，选择合适的学习内容，较快提高英语综合应用能力，达到最佳学习效果。大学英语自主学习网络平台经过几年的试用并完善后，学生的听说课程可以登录网络中心自主完成。网络中心有着学习资源丰富和信息量大的优势，学生面对更多的选择，不仅能有的放矢地训练语言运用能力,更能培养自主学习的能力。网络中心记录学生学习的过程,及时反馈训练成绩,学生则学习自我监控自我评估,辅导教师也会随时发现学习中出现的问题并给予帮助。学生还可以通过网络平台,就学习内容和问题进行讨论,实现合作学习。

三、大学英语课程设置的需求分析

要想在竞争激烈的人才市场中脱颖而出,学生需要兼具知识和能力。合理的大学英语课程设置对于非英语专业学生综合能力的培养是非常重要的,课程设置合理,才能够培养更多高素质的复合型人才。然而,设置合理的大学英语课程的首要前提是能够正确地、客观地分析各个方面的需求,而不是主观臆断,需求分析是大学英语课程设置必不可少的环节。

(一)大学英语教学面临的挑战分析

随着社会的不断进步和发展,大学英语教学将面临更多的挑战。一方面,高校扩招导致学生人数猛增,大学英语普遍采用大班授课,使得很多非英语专业学生不能够充分重视大学英语的学习,很少有机会去使用英语,英语学习成绩和学习效果显著下降;另一方面,就业岗位的需求对大学生的能力提出了更高的要求,不仅要具备专业知识,而且要具备一定的英语水平,才能增强自身的竞争力,更好地参与国际间的交流与合作。

(二)需求分析

需求分析是大学英语课程设置必不可少的环节,要想设置合理的大学英语课程,以下两个方面的需求是不容忽视的。

1. 社会需求

社会需求指的是社会对人才的外语能力的要求。国际交流的日益频繁对人才的要求也逐渐提高,不仅需要拥有扎实的专业知识,更需要能够灵活掌握与人沟通的工具——语言,特别是英语。而不同专业人才对英语能力的需求呈现出专业化的特点。研究型的专业需要从业人员能够读懂外国资料,随时了解国外在本专业领域的发展动态,因此从事该专业的人才需要更加注重阅读和写作方面的英语能力;而社交型的专业则需要从业人员能够流利地、无障碍地与他人交流,因此注重的是人才的英语听说能力。根据社会的不同需求,高校需要培养出不同层次水平,适合不同需求的人才。因此,只有把社会需求了解清楚,课程的设置才能建立在科学、合理的基础上,培养出的学生才能够更好地为社会的各个行业服务。

2. 学生需求

学生是学习的主体，因此现代教育理念提倡"以人为本""以学生为中心"，强调关注学生需求。学生需求主要分为专业需求、目标需求、心理情感需求。首先，不同专业的学生对于英语知识的学习和英语能力的要求是不同的。例如，法律专业的学生除了需要在普通英语教学课堂上学习英语，他们还需要了解与本专业相关的英语知识。其次，不同的大学生对未来有不同的规划，有的学生毕业之后想要考研，继续深造；有的学生想要毕业之后就走上工作岗位，目标的不同决定了对英语学习的需求也是不一样的。而针对就业的学生来说，他们需要教师能够多训练在今后的工作岗位上能够使用的英语技能，坚持以就业为导向，将学习和工作联系起来，使英语教学切实地帮助他们更好地就业。再次，学生作为个体是有很大差异的。不同的学生有不同的兴趣和动机，不同的英语基础，教师应该充分考虑到学生的情感因素。为了满足各类学习者，学校应该设置不同方面的英语知识来满足他们的各种需求。

（三）基于需求分析的英语课程设置

以上述的社会需求和学生需求分析为依据，针对非英语专业学生合理的英语课程设置应该包括基础英语、专门用途英语和跨文化交际。基础英语可以为非英语专业学生提供学习和巩固英语知识、锻炼英语综合运用能力的机会；专门用途英语是根据不同行业的具体要求，为学生提高与所学专业相关的专业词汇和信息；跨文化交际可以为对外国文化感兴趣的学生提供更多有关英语国家历史、风俗习惯和观念的知识，有助于开阔学生的视野。

大学英语课程设置应该以需求分析为指导，从社会和学生的需求出发，以行业为导向，以学生为中心，使大学英语课程设置具有针对性，能够满足社会发展需求和学生学习英语的需求。英语教师应该根据不同行业的特殊性和不同学生的特点，在教学过程中注重因材施教，培养学生的自主学习能力，为他们将来的就业提供更多实用的知识和能力。

第二节 大学英语选修课程的设置与管理

一、大学英语高级选修课程设置研究

大学英语课程不仅是一门语言基础课程，还是拓宽知识、了解世界文化的素质教育课

程，兼有工具性和人文性。大学英语课程设计要充分考虑对学生的文化素质培养和国际文化知识的传授；充分考虑听说能力培养的要求，并保证足够的学时和学分；大量使用先进的信息技术，开发和建设各种基于计算机和网络的课程，为学生提供良好的语言学习环境与条件。大学英语的课程设置要充分体现个性化，考虑不同起点的学生，既要照顾起点较低的学生，又要为基础较好的学生创造发展的空间；既能帮助学生打下扎实的语言基础，又能培养他们较强的实际应用能力，尤其是听说能力；既要保证学生在整个大学期间的英语语言水平稳步提高，又要有利于学生个性化的学习，以满足他们各自不同专业的发展需要。

（一）大学英语高级选修课程的基本模式

开设大学英语高级选修课程的基本模式是为学习者提供多样化的教学材料和教学形式，重点在于鼓励学生自主学习。其教学内容趣味性强、形式多样的课程特点，能够多方位刺激人的感官，调节学习者的学习动机。动机是激发和维持个体活动，并使活动朝着一定目标努力的内部心理倾向或内部动力。大学英语选修课程的设置，一定要以提高学生英语实际应用能力为主要目标，在提高学生在本专业和相关专业领域的口语和文字交流能力上下功夫。总的来说，大学英语选修课设置可分为以下三大类：

1. 语言知识与技能类

这类课程包括大学英语口语、大学英语写作、大学英语翻译、广告英语、大学英语视听说、法律英语、计算机英语、旅游英语、实用就业英语、大学英语口译等。

2. 语言应用类

这类课程包括商务英语、科技报刊阅读、英语演讲与辩论等。大学英语课应使学生把所掌握的英语语言知识和语言技能应用到学习之中。

3. 语言与文化类

这类课程包括英美社会与文化、英美文学欣赏、英语影视欣赏等。这类选修课帮助学生从批判的视角去理解语言的思想内涵，从运用中学习语言，丰富学生的文化知识。

（二）大学英语高级选修课程的教学方法

采用灵活多样的教学方法是达到教学目的和教学要求的重要手段，大学英语选修课的教学目的是培养学生的英语实际应用能力，所以教学重点是讲解英语语言知识和技能，使学生了解英语语言和文化，并能自觉地运用英语这个工具获取前沿的专业知识。

适当的课堂活动不仅有利于学生英语应用能力的提高，而且有利于知识的掌握。大学英语选修课教师应该改进教学方法，提高教学效率。一方面，在教学过程中应打破传统的英语课堂以翻译课文为主的教学方法，多创造条件让学生进行口语交流。口语交流可以围绕课文内容进行，也可以表达他们熟悉的专业知识，还可以将与专业有关的重大新闻题材作为对话的主题。另一方面，由于选修课普遍存在课时少、内容多、授课班级较大等现象，因此为了保证教学质量及效果，在课堂教学中，要充分利用现代化的教学技术，采用多媒体教学和网络课堂教学，让丰富多彩的教学方式激发学生学习专业英语的兴趣。多媒体课件图、文、声并茂，授课教师将所要讲授的内容制作成多媒体教学课件，使抽象、枯燥的英语学习内容转变为生动、真实、可视、可听、形象有趣的教育信息，并以形象、生动、直观的方式演示出来，为学生创造真实、生动和形象的英语语言环境，有利于学生的理解和记忆，同时也节约了课堂上板书的时间，提高了有限的课堂时间的利用率。此外，教师还应该鼓励学生多看原版教材，多浏览英文网站。这既可以扩展学生的专业知识面，了解行业内最新动态，也可以使学生养成用英语收集信息的习惯，提高语言学习技能和专业学习技能，达到专业英语教学的目的，即培养学生运用英语进行专业交际的能力。

（三）大学英语高级选修课程的管理

1. 加强对学生选课及学习目的的引导

为了防止学生为挣学分而选课的现象发生，教学管理部门必须做好学生选课的引导工作。每学期期末都必须做好下学期学生选课的准备，让学生了解课程的内容，结合自己的专业需要与个人兴趣进行合理的选择。一旦选择了适当的选修课，确定了学习目标，学生就要自始至终地进行学习，决不允许"选而不修、混学分"的现象出现。

2. 加强教师开课管理

教学主管部门，如学校教务处和学院教学办，必须严格执行开课审批制度。开课教师必须向教学主管部门提交内容详尽的开课申请表，并制定该课程的教学大纲和考试大纲。凡是没有主讲教师资格的教师不允许开课，教务处严格审阅教师开课材料，如教学计划、教材、参考书等；教学管理部门要充分利用校园网络优势，使学生可以在校园网上获得每门公选课的相关信息，如课程的安排、课程简介、开课要求、课时、学分、主讲教师简介、上课时间地点、限选人数、已选人数等各种动态信息。

3. 加强教学过程监督

开课前，授课教师须在校园网上对自己所开课程做一个详细的介绍，说明本门课的教学目的、教学要求、教学内容、教学方法、其他教学活动、答疑辅导方式、使用教材和参考书目、考试方式和成绩评定办法等，使学生对该课程一目了然，以便决定选哪门课。学校建立随机听课制度。校、学院等各级教学管理人员应对授课情况进行检查、督导，随时监督授课质量，以便及时发现问题，并提出改进措施，保证教学质量的提高。教师应充分发挥学生信息员作用，认真对待他们反映的情况；建立学生评教机制，实行网上评教，让学生对所学课程做出评价。

4. 加强对学生的管理，严格课程考试制度

由于有些选课学生单纯是以挣学分为主要目的，很少按时参加课程学习；有的学生只是喜欢上课教师，也不管所选课程是否适合自己。鉴于这些情形，为了提高学生对高级选修课的参与性和积极性，除了加强学生纪律教育外，还必须严格考试制度，紧密结合课程教学内容，实现"形成性评价+终结性评价"的考评体系。

（1）形成性评价

形成性评价采用评分的记录方式，包括学生课堂口语练习成绩10%（主题讨论、对话练习、演讲等）、课堂测验10%，作业5%，出勤率5%。在评价过程中，教师要注意评价的正面鼓励和激励作用，充分肯定学生的进步，鼓励学生自我反思、自我提高。

（2）终结性评价

测试是终结性评价的重要部分，是检查教学大纲执行情况、评估教学质量的一种有效手段，是获取教学反馈信息的主要来源和改进教学工作的重要依据。测试重点考核学生的语言基础和语言综合应用能力。教师应根据教学大纲的要求，设计、制作相应的试卷，并建立英语选修课试题库。试题包括听力、阅读、完形填空、改错、翻译/简答/写作等。考试采用闭卷考试方式，实行教考分离。测试要努力做到科学、公平和规范。

二、提高课堂教学有效性的对策

（一）规范教学管理

学校可以给予相关政策的支持，鼓励优秀的、有余力的教师根据学生需求增设有趣的、实用的选修课程，如实用英语口语、口译、商务英语、法律英语、文秘英语、学术英语、考研英语等，尽可能丰富课程设置，激发学生选课的兴趣。选课前，相关部门可以公布任课教师的资历、教学特色、课程介绍、课程大纲以及考核方式，以供不同层次的学生按照自己的水平、需求或者兴趣爱好选择相应的课程，而非"被选"。

（二）提升教师素质

百年大计，教育为本。教育大计，教师为本。提升教师素质可从根本上改善高校英语选修课的现状。学校须通过多途径提高师资水平，如提供外出进修、学习的机会，以开阔教师视野，拓宽教学思路。鼓励教师对自己的教学进行反思，努力构建有效的教学模式，丰富课堂活动。学校管理部门可制定比较详细的、公平合理的奖惩制度，较大程度地激发教师教学的热情和提高自身素质的动机，让教师素质、人格魅力此类隐形课程的内容对学生的学习起到更大的推动作用。

（三）健全考核方式

严格考试制度，采用终结性和形成性相结合的多元化评价手段，尤其加强过程性评估。通过丰富多样的课堂活动，如演讲辩论、小组展示、经验分享、模仿、小型比赛等挖掘学生潜能、激发学生斗志。健全的考核方式可以提高学生参与课堂的兴趣，保证课堂教学效果。

（四）端正学习态度

教师引导和鼓励学生制定合理的切实可行的学习目标，明确学习目的；分析自身兴趣，结合就业需求和终身发展需求理性地选修课程；通过案例分析等方式帮助学生意识到选修课的重要性，积极参与课堂活动，有效利用课堂时间，最大限度地实现学习的效益。

开设大学英语选修课是与时俱进、顺应社会发展要求的产物，是大学英语教学改革不断深入的结果。规范的教学管理可以端正学习态度，合理的课程设置可以最大限度地提高学生的积极性；有效的课堂教学可以提高学生的语言综合运用能力，增强人才竞争；不断优化的多模块、多层次课程体系可以促进大学英语教师的可持续性发展，实现真正意义上大学英语教学的"百花齐放"。

三、大学英语选修课程的管理

大学英语选修课程以发展学生的应用能力为目的，有利于学生学习的个性化发展。要实现这一目的，学校不但要有科学合理的顶层设置，而且还要有行之有效的管理制度。

（一）大学英语选修课程组织实施的特点

大学英语选修课程编制的权力主体是学校的大学英语教育工作者，依据的是根据学校的培养目标及教育部的《大学英语课程教学要求》而制定的大学英语教学大纲。大学英语选修课程是具有本校自身特点的、为本校学生专门量身定制的课程，其相应的课程决策程序和流程也就需要做一个特殊并且科学合理的安排。

1. 大学英语选修课程的编制决策应该是一个开放的过程

大学英语选修课程的专业性、多样性和复杂性，决定了大学英语选修课程的建设应该是一个由教务部门、人事部门、大学英语教学部门、各专业教育学院（系）、教育专家、校领导、学生，有时还包括社会相关部门等人士广泛参与的工作。它涉及学校教育的各个方面。大学英语教学部门是课程编制的主体，但大学英语选修课程的建设并不只局限于大学英语教学部门。大学英语选修课程的多样性决定了大学英语课程建设仅封闭于大学英语教学部门内部是行不通的。大学英语选修课程的决策者，不但要设法调动大学英语教学部门的力量，还要能获得相关教学部门的支持，甚至利用社会各方面的力量，否则大学英语选修课程的目标难以实现。

2. 大学英语选修课程应该照顾到学生的差异性

大学英语选修课程设置的主要目标之一就是要在英语学习上为学生的个性化发展创造条件。这也就需要教师在教学上有独创性。教师具有独创性的个性化教学才能使大学英语选修课的各门课程特色鲜明、形式丰富、内容更有针对性，让学生有充分选择与发挥的空间。

3. 充分挖掘一切可利用的资源

每一所学校有每一所学校的传统，其师资条件、办学规模、办学目标、历史底蕴、生源情况、社会关系、所在地方的经济情况和社会环境等都不尽相同。大学英语选修课程编制的决策者要善于从积极的角度看待问题，从差异中看到优势，看到特色，看到方向，看到希望。

4. 指导下放权

大学英语选修课与必修课的不同在于，必修课难以照顾到学校的实际，也不能满足学生个性化的发展，而选修课可以弥补必修课的不足。大学英语教育的管理者应以教学大纲为指导，把课程组织的权利交给教师，把学习选择的权利交给学生，而不要过多干涉和限制。只有这样，教师才有可能突破传统教学形成的思维定式，创造性地开展教学活动。

（二）大学英语选修课程管理者的素质要求

大学英语选修课程对管理者的要求主要在思想与组织两个方面，具体有以下几点：

1. 明确而独特的大学英语教学理念

国家对大学英语教学有着明确的要求，但这些都是最基本的、原则性的规定。一所高校的大学英语教学能否获得成功，取决于在达到最基本的、原则性的规定之外要有自己的科学、系统、个性化的特色。也就是说，实现共性的同时要张扬出自己的个性。这就需要管理者了解本校的办学环境、办学宗旨、教育思想、师生特点及各种教育资源，并在此基础上确立具有本校特点且适合本校师生发展的大学英语教学理念。

2. 较强的沟通与协调能力

大学英语选修课程的设置不但需要调动大学英语教师的热情，还需要让一些其他专业的教师参与，需要动用到全校各个方面的教育资源，甚至需要得到社会力量的支持。没有较强的沟通与协调能力，这些都是难以完成的。

3. 改变传统教学观念，树立大学英语教学改革的新思想

大学英语选修课程建设是深化大学英语教学改革的基础之上教育观念和教育思想发展的产物。它适合我国高等教育发展的新形势，无论是在教学性质与目标，还是在教学要求、课程设置、教学模式、教学评估、教学管理等方面都有别于传统的大学英语教学的做法。管理者须接受新的思想，顺应新的要求，突破传统的教学观念，否则再好的选修课程也是无源之水，很难发挥它们应有的作用。

4. 创造良好的人际关系的能力

任何改革都会受到来自旧的习惯势力的压力，大学英语教学改革也不例外。如何取得学校各个方面的理解和支持，如何在课程的实施中协调教师、专家、学生和各个教学部门和管理部门的意见，化解各种矛盾和冲突，这不仅需要较强的沟通与协调能力，更需要有创造良好人际关系的能力。

（三）大学英语选修课程实施过程的管理

大学英语选修课程一旦确定设置之后，就进入付诸实践并进入课堂的阶段。这个课程同样非常重要，决定了设置者的理念能否得到实现。为保证过程的有效性，至少需要做到以下几点：

1. 分工明确，各司其职

大学英语教学改革是一个全校性的教学改革工程，应该由一名校领导牵头分管，教务处、外语学院（系）、大学外语部和相关院（系）都要明确专门的领导负责，还要与学生工作的负责人及辅导员一起形成一个组织网络，有条有理，使教学工作能够得到贯彻落

实，教学中搜集到的意见能够很快得到反馈。

2. 宏观指导，形式灵活

校领导负责对大学英语教学改革的宏观指导，教务处负责对大学英语选修课程实施的宏观指导，外语学院（系）负责对教师执行教学大纲的情况进行宏观控制，但是具体的教学方法与手段、教学形式与进度、教学内容与研究，则由大学外语部组织相关教师灵活机动地落实，以鼓励各门选修课程的特色与个性。

3. 改善师资，轮流进修

大学英语选修课程门类繁多，对师资有很强的个性要求。管理者一方面要重新组合师资，分配力量，挖掘每一位教师的特长、兴趣与潜力；另一方面，要有计划、有目的地安排教师分批进修，发展针对大学英语选修课程教学内容的进修学习。

4. 学生为本，主动参与

大学英语选修课程是为了学习个性化发展服务的，是以发展学生的应用能力为目的的。因此，在大学英语选修课的实施过程中，教师应该时刻关注学生，让他们主动投入教学活动中，只有提高学生的兴趣和主动参与教学活动的意识才是教师不变的追求。

5. 规范管理，保证质量

大学英语选修课程虽然不像必修课那样有统一的教材、计划，但是教学常规所要求的一些规范还是不可缺少的。也就是说，教材可以自编，备课也可以形式多样化，但计划、进度、备课、考核、小结、教研活动等规范要求一个也不能少，只有这样才能保障教学的基本质量。

第三节 大学英语立体课程体系建设

一、实现了与《普通高中英语课程标准》衔接

大学英语立体课程体系培养了学生的英语综合应用能力，增强了学生的自主学习能力，提高了学生的综合文化素养。《普通高中英语课程标准》要求学生掌握一定的英语基础知识和听、说、读、写技能；形成一定的综合语言运用能力；养成良好的学习习惯和形成有效的学习策略；发展自主学习的能力和合作精神。大学英语立体课程体系的教学目标与《普通高中英语课程标准》的教学目标是接轨的，系统、连贯的培养和学生实际应用英

语能力的提升，改变了过去大、中、小学各阶段英语教学自成体系、互不沟通、条块分割、各行其是的局面。

二、实现了大学英语课程设置的系列化和多样化

大学英语六个系列课程设置，将基础课和选修课完美结合。大学英语基础课作为核心课程旨在为学生打牢语言基础，选修课作为外围课程为不同的学习对象做准备，以学生存在的差异作为出发点，由社会发展需求及学生实际需要而定。大学英语六个系列的课程设置既实现了课程设置的纵向协调，同时也实现了课程设置的横向联合，满足厚基础、宽口径人才的培养需求，进而为高校培养了大批具有国际竞争力的人才。

大学英语立体课程体系中各课程之间具有内在的相关性和整体性，既注重英语综合素质的培养，又将学科性、专业性和个体性结合起来。同时，该课程体系有不同的层次性，每一体系的课程都有难度或程度上的区别，从共性到个性，从基础到专业，满足了不同学科和不同层次学生的需求，具有多样化的特征，有利于学生共性和个性的共同培养。课程体系的系统性、层次性和多选择性实现了大学英语课程教学目标。

三、完善了大学英语后续课程建设

在一定的程度上，选修课程将为学习者提供更多的选择和提高英语水平的机会。基础英语课程是进入选修课程的前提，我们需要在加强基础教学的同时，开设更多的英语选修课程，以满足学习者对英语的实际需要。按照教学安排，学生在完成基础阶段的大学英语学习后，就可以根据自己的兴趣和爱好选修技能类、应用类和文化类的大学英语课程。这些公共选修课不但延续了基础阶段后的英语教学，扩大了学生的人文素质知识面，还提高了他们的语言技能和文化素养，为他们学习专业英语和双语课程打下了坚实的基础。开设大学英语公共选修课为基础英语向专业英语教学过渡提供了通道，避免了因语言学习的断层使英语水平下降，避免了因外语应用能力的欠缺而阻碍他们积极参与对外开放和扩大交流的各项活动，避免了制约他们在科学研究、经济建设等方面发挥主力军的作用。

四、培养了学生英语综合运用能力

大学英语立体课程体系注重培养学生的英语综合应用能力，尤其是口语表达能力，学生有更多的空间和时间，根据自己的学习能力、兴趣和就业需要在一系列的选修课中自由选择。

五、利于学生个性化学习和自主性学习

大学英语立体课程体系基于现代信息技术应用，特别是以网络技术为支撑，使英语教学不受时间和地点的限制，重视学生的自主学习愿望，激发学生自主学习的积极性，提供自主学习的环境和条件，体现了以学生为中心的教学原则。从课程体系设计上看，改变了过去强调以教师为中心的教学模式。由于学生的学习个性不同，该课程体系在课程设置上开设多种个性化课程供学生选择，体现了个性化的教学和学习，培养了学生自主学习的能力，让学生在学习语言的同时掌握自主学习的方法和策略。

六、以用促学，以用导学，增强了学生学习动机和就业竞争力

非英语专业学生学习英语的最终目标是能在日常的工作生活中运用英语，更主要的是能在各自专业领域灵活运用英语进行专业交流、专业英语阅读和写作。许多大学生认为将来工作用不上英语，对英语学习缺乏动力。大学英语立体课程体系注重以用为导向，将英语语言与专业学习联系起来，激发了学生的学习动机，便于学生了解本专业最新发展动态，加强了学生利用英语进行专业文献阅读和写作的能力，培养了国际化的高级人才，增强了就业竞争力。

七、转变了外语教学思想观念，提高了教师教学业务水平

大学英语教学目标明确提出要提高学生外语综合素质，重点培养英语综合运用能力。通过该立体课程体系建设，教师已在教学过程中体会到英语综合运用能力培养的重要性，在教学方式、教学内容和评价方式上已转变思想观念。在新的课程体系和教学要求下，大学英语教师已从英语教学者转变为英语教育者，从课堂控制者转变为课堂组织者，从知识灌输者转变为学生建构知识的导航者，从语言知识培养者转变为学生自主学习能力的培养者。教师已经不是知识的载体，他们的作用主要体现在指导和帮助方面，促进学生在教师指导下主动地、富有个性地学习。因此，教师应不断提高自己的知识水平、授课技巧、组织能力、课堂设计能力等，树立全新的教育思想。教师在贯彻新的教学理念的同时，应改进教学方法，丰富教学内容，提高教学研究能力。

第四节 大学英语课程资源建设

一、课程资源的内涵及其分类

课程资源是相对于课程的一个概念。课程是按照一定的教育目的，在教育者有计划、有组织的指导下，受教育者与教育情境相互作用而获得有益于身心发展的全部内容。提到课程资源，人们会联想到学习资源、教学资源和教育资源。学习资源是指在教学系统和学习系统中，学习者在学习过程中可以利用的一切显现的或潜隐的条件。例如，教科书、语言实验室等学习资源是显现条件，而戏剧院、博物馆等非专门设计的学习资源或可利用的学习资源就是隐性学习资源。教学资源指那些为了有效开展教学而提供的各种可资利用的条件，既包括教材、案例、影视、图片、课件，也包括教师资源、教具、基础设施等。教育资源是人类社会资源之一，它包括自有教育活动和教育历史以来，在长期的文明进化和教育实践中所创造和积累的教育经验、教育知识、教育技能、教育资产、教育费用、教育品牌、教育制度、教育理念、教育人格、教育设施以及教育领域内外人际关系的总和。

课程资源的概念有广义和狭义之分：广义的课程资源指有利于实现课程目标的各种因素，狭义的课程资源仅指形成课程的直接因素来源。据此可以把大学英语课程资源定义为：大学英语这门课程设计、实施、检查、评价等整个课程编制过程中可资利用的、富有教育价值的人力、物力和自然资源的总和，包括教材以及学校、家庭和社会中所有有助于提高学生素质的各种资源。其中，人力资源包括教师、学生、学生家长、社会人士等，也包括以英语为母语的国际留学生、外籍教师、外籍游客和在华外籍工作人员；物力资源包括教学过程中使用的教材、投影仪、教室，图书馆的藏书，学生开展自主学习的自主学习中心等；自然资源主要为特殊用途英语实践用的名胜古迹、自然风光等。

课程资源丰富繁杂，随处可见。高效的课程资源建设和利用必须立足于有效的分类和管理。对于资源分类，不同的认识角度导致了不同的分类。

按照空间标准分类的校内课程资源指学校内部的课程资源，如图书馆、自主学习中心这样的场所和设施资源；教师、学生、校园文明建设这样的人文资源；第二课堂活动、座谈讨论这些与教学活动密切相关的活动资源。校外课程资源主要指学生家庭、社区乃至整个社会中能够用于教育教学活动的设施和条件，以及丰富的自然资源。校内课程资源是课程资源开发和利用的基础，是校外课程资源开发和利用的先决条件。但校内和校外课程资源这种课程资源二分法随着互联网的出现遇到了问题。那些海量的网络信息既不能归为校内课程资源，也无法划归到校外课程资源，它跨两大类，只好将它单独列出。

按照存在形式划分的显性课程资源指那些看得见、摸得着的课程资源，如大学英语教学光盘、图书馆、语音实验室；隐性课程资源是指以潜在的方式服务于教育教学活动的课程教学资源，如奋发向上的和谐学习氛围、校风校纪等。显性课程资源容易开发和利用，对教育教学活动的影响很直接，而隐性课程资源的开发和利用需要一定的周期和付出较大的时间、精力，对教育教学活动的影响也较为间接。

按照物理特性和呈现方式划分的文字课程资源主要指教材这样的显性课程资源；实物课程资源有多种表现形式，与大学英语课程建设关系非常密切的有教学光盘、图书馆阅览室、语音实验室、同声传译室等；大学英语活动课程资源主要指为强化学生英语语言应用能力而开展的第二课堂活动，如朗诵大赛、演讲大赛、辩论赛等；数字化课程资源具有信息容量大、多媒体、网络化等特点。这些课程资源的利用能超越时间、空间、地点，而且快速、便捷，是学生开展学习的主要渠道，发挥着越来越重要的教育功能。

按照性质划分的自然课程资源主要以自然界为中心，具有"天然性"的特点；而"人工性"是社会课程资源的最大特点。

按照属性划分，课程资源首先分为物质的课程资源和非物质的课程资源两大类。物质的课程资源包括人力课程资源和物力课程资源，非物质的课程资源分为知识课程资源和思想课程资源。思想课程资源指一切可能参与教育教学活动，影响课程活动的各类人员所具有的全部思想；知识课程资源指在设计课程时，可供选择的知识总和。按照功能划分的素材性资源包括知识、技能、经验、活动方式与方法、情感态度和价值观以及培养目标等方面的因素，而条件性资源则包括直接决定课程实施范围和水平的人力、物力和财力，时间、场地、媒介、设施和环境以及对于课程的认识状况等因素。

从上面的论述可以看出，课程资源类型的划分反映了一种多维思考，丰富了人们对课程资源的认识，有利于强化课程资源意识，多渠道、多模式、多维度地创设大学英语学习机会。

二、大学英语课程资源建设的意义

（一）有利于促进教师教育观念的更新

广义的课程资源概念带来了全新的课程理念，教材不再是整个教学活动的中心，教师对学生的评价也不再以学生是否掌握了书本内容为准，而是基于整个教学活动的课程目标完成情况。全新的教学模式和评价标准不管对教师还是学生都是一种挑战。对教师而言，整个教学设计过程和实施都围绕教学活动是否有助于课程目标的完成，除了关注是否完成了教材上的教学内容外，更要思考如何高效开发大学英语课程资源，培养学生的自主学习能力，引导学生完成课程目标。对学生而言，他们需要考虑的是在整个学习过程中学会了做什么，而不单单考虑是否已掌握书本上的知识等。

（二）有利于教师专业成长

接受新课程资源观熏陶的大学英语教师，不会再日复一日地重复使用相同的教材、教案和教学课件，他们会紧跟时代发展的要求，更新自己的知识结构，不断加强对教学内容、教学活动设计、课堂组织模式、课堂评价方式等进行反思，以改进自己的教学。同时，大学英语课程教学资源的不断丰富，使得学生的自主学习成为可能，兴趣和爱好驱动着他们在对教材进行深度加工的同时，不断拓展自己的知识面，并利用各种场合将课堂上所学到的知识应用于实践之中，使得自己的英语语言应用能力得到迅速提高。同时，学生大学英语学习的成功迫使教师加大投入，去深挖教材，研究语言学习规律，强化语言教学策略，以提升自己的综合素质，更好地服务于教学。

（三）有利于提高学生的综合素质

传统的大学英语教材旨在帮助学生加强英语基本功建设，不管是文章的体裁、选材的主题、选材的长度，还是课文的难度都是面向大众化学生，不会关注学校与学校间学生的英语水平差异、同一学校间学生的专业差异、学生个体的学习需求等因素。丰富的、个性化的课程资源的开发和利用不但是对原有教材内容的补充，也构成了第二课堂，并与第一课堂开展联动，形成了较好的学习氛围，拓宽了学生视野，激发了学生的学习兴趣，最终促进学生思想、品德、行为、知识、能力和人格等的全面发展。

（四）有利于大学英语课程开发

大学英语课程资源种类繁多，形式多样，开发和利用过程中必须进行有序化管理。同时，系统的大学英语课程资源建设工作量大，不是一两天能完成的，短则几个星期，长则一两年，因此，需要分工协作。由于该项工作能推进大学英语教师的专业化发展，教师的付出不但能提高教学质量，随着时间的推移，教师还会产生浓厚的兴趣，不断地去深化这项工作，最终积累的资料越来越多，到一定程度后，这些课程资源经过整理、加工、补充和完善，就形成了一门新的公共选修课程的雏形。于是，大学英语选修课程群又增加了一位新成员。

（五）有利于培养学生自主学习能力

大学英语课程资源的开发与利用，主要以课程目标的达成为根本出发点，以学生身心的完整和谐发展为终极目的。传统的教学将学生局限在"课堂"这一特定的场所，课程资源以教材为主，没有充分唤起学生的学习积极性、主动性和创造性。在新课程资源观下的大学英语学习模式中，学生学习的时空范围得以扩展，可随意选择丰富多彩、形声具备、图文并茂的课程资源。学生成了学习的主体，他们自己决定英语学习的内容、时间、场所、进度、节奏以及对学习质量监控，从根本上改变了以往师生单向的知识传递方式，把"要我学好英语"转变成了"我要学好英语"，形成了全方位的、多元化的自主学习渠道。

（六）有利于形成性评估的实施

检查课程建设是否达到预期目标需要依靠评估。因此，对课程进行全面、客观、科学和准确的评估对实现课程目标至关重要。它既是教师获取教学反馈信息、改进教学管理、保证教学质量的重要依据，又是学生调整学习策略、改进学习方法、提高学习效率的有效手段。长期以来，大学英语课程教学评估主要依靠终结性评估，注重结果；较少关注形成性评估，忽视了学习过程。

《大学英语课程教学要求》明确提出要求，要加重形成性评估在大学英语课程评价中的分量。新的大学英语课程资源观不但改变了学生的学习模式，还更新了大学英语教师和相关管理部门的教育观念，通过课堂活动和课外活动记录、网上自学记录、学习档案记录、访谈和座谈等形式确保了对学生学习过程进行观察、评估和监督，为实施形成性评估打下了坚实的基础。

三、大学英语课程资源建设的策略

课程资源的多维度分类说明了课程资源的不同种类与存在方式、范围，进一步地证明了课程资源建设的丰富性与灵活性，表明课程资源建设可采用多元化的策略。下面主要讨论四种建设策略：

（一）教材取向的课程资源建设策略

目前，出版大学英语通用教材的一般都是国内知名出版社，像高等教育出版社、外语教学与研究出版社、上海外语教育出版社、清华大学出版社、复旦大学出版社，这些出版社具有多年大学英语通用教材的出版经验，拥有强大的教材编写队伍。除了推出纸质版学生教材外，它们还推出了配套的教师用书、学生练习册及答案、教师教学光盘，可以说对教师教学帮助极大。由于这些通用教材面向全国学生发行，不可能适合所有学校、所有学生，何况编写人员对《大学英语课程教学要求》有着不同的理解，选材也有着不同的偏好，而各学校有着不同的人才培养方案，因此，尽管这些知名出版社推出的教材本身已是经过筛选的课程资源，但是教师实施教学前还要充分调研本校学生的英语水平、学习动机、学习策略、学习方式、学习目标、学习计划，在此基础上对教材进行二次加工，透彻把握教材的重点、难点，将教材内容变为有利于学生发展的教学内容。

同时，教材的内容因人的知识结构和社会阅历不同，而存在不同的解释方式。换句话说，同样一篇课文，非英语专业一、二、三、四年级的学生会有完全不同的理解。如果要他们在教师的帮助下对这篇课文进行深度挖掘，他们对教师的要求肯定会不同。因此，为了便于学生的自主学习，教师就要全方位地对教材进行加工、补充和拓展，衍生出大量的大学英语课程资源，辅助学生实现个性化学习。

教师在处理教材时，可以以"三化"为目标：第一，内容结构化：力争建立要素明确、联结性强、概括性高、派生性强、亲和力大的知识结构，以利于学生自主处理信息，形成概念图式；第二，内容问题化：根据学生心理发展特点确立学习层次，以有限知识点构建问题序列，采用问题加解决方法的模式，培养学生分析问题、解决问题的能力；第三，内容经验化：尽量发掘和利用贴近学生、社会与现实生活的素材，使材料回归生活，实现教材由素材文本向生成文本的转化，注重体验性。

（二）学生取向的课程资源建设策略

高校的四大功能之一是教学，是为了培养国家建设的接班人和栋梁之材，一切教育教学活动的中心都应该是学生。大学英语课程资源建设中，以学生为取向的建设策略也显得异常重要。以学生为取向的建设策略主要涉及五个方面：

1. 关注学生的知识类资源

教学实践证明要基于学生实际水平开展教学。教师设计的教学目标、选择的教学内容、安排的教学活动、实施的教学方法、采取的教学评估手段都要以学生的真实水平为基础，采用适当拔高的原则，确保能让学生努力就会实现学习目标，而不是一次次令学生丧失学习英语的兴趣。为了辅助这样的教学，教师就得开发出相应的课程教学资源，帮助学生构建和完善自己的知识体系。

2. 关注学生的情绪类资源

学生的情绪类资源是学生学习的动力系统，主要包括学生学习的兴趣、爱好、动机、态度、信心、情感、焦虑、个性、习惯等。这些非智力因素虽然不直接参与知识的认知和建构，但它们对学习活动有着启发、导向、维持和强化作用，极大地影响着学习活动的效果。课程资源建设的目标之一是应该让学生在学习过程中体验到成功，增强学生学好英语的信心，激发他们继续学习的积极性。

3. 关注学生的问题类资源

教学以学生获取知识和技能为目的。在实现这一目的的过程中，师生不断重复着"引发问题→提出问题→解决问题→引发新问题→提出新问题→解决新问题"这一循环。那些好奇、求知欲强的学生不但加快了自己积累知识、强化技能的步伐，还通过提问扩大了教师的教学内容，让教师去思考新的教学点，去重新组织教学活动。这些问题是课程资源开发的源泉，解决对策是教学经验的积累和创新思维的结晶。问题与解决对策强化了师生互动，加深了师生对文本的深刻理解。

4. 关注学生的错误类资源

外语是工具、是技能、是媒介、是行为，需要学生在干中学、在干中用，需要教师创设大量的语言使用场景，才能培养出学生的外语能力。这种能力包括寻找信息、处理和交换信息、处理关系、处理矛盾等语言交际能力，以及主动学习、自我发展、可持续发展等语言学习能力。这种实践论观点对英语学习具有极大的指导。不可否认，"在干中学"和"在干中用"不可避免地会出现一些语言失误或错误，有的甚至是严重的语言错误，但是出现错误和修改错误也是一个语言学习过程。因为错误有其潜在的价值，所以不必担心出错。错误的潜在价值表现在以下三个方面：错误是有价值的反面材料，错误给人们提出了新的认识课题，让人们去思考、去探究；因为错误是认识过程中的一部分，是不符合客观事实的认识，但在某些方面却可能有合理因素，错误中孕育着真理，错误和真理是一对矛盾，二者相互联系，相互依存；错误在一定条件下可转化为真理。

值得注意的是，学生出错时，教师要认真分析错误的来源，讲究纠错策略，在确保不影响学生的情绪和学习积极性的情况下，让学生明白错在哪儿，从而把学生引导到正确的道路上来。

5. 关注学生的差异类资源

不管是提倡人们要和谐相处，还是主张学习英语的氛围要融洽，突出的都是一个字——同，但是也不排斥"异"；因为"同"是发展的基础，"异"是发展的动力。学校学生众多，他们的生源地、家庭背景、社会阅历、英语学习的时长等都有较大的差异。为了消除这些差异，学生相互争论和辩论。在这样的思想交锋过程中，学生丰富和发展了自我，使自己越来越成熟，考虑问题的角度越来越多，也学会了换位思考，增进了融洽相处的技能。因此，课程资源是围绕学生开展的，不可能避开这样的差异类资源。

（三）教学过程取向的课程资源建设策略

教学活动是教师根据一定的社会要求和学生身心发展的特点，借助一定的教学条件，指导学生主要通过认识教学内容从而认识客观世界，并在此基础之上发展自身的过程。教学过程是一种特殊的认识过程，也是一个促进学生身心发展的过程。在教学过程中，教师有目的、有计划地引导学生能动地进行认识活动，学生调节自己的志趣和情感，循序渐进地掌握文化科学知识和基本技能，以促进自己智力、体力、品德、审美情趣等方面的综合发展。具体的教学过程包括课前、课中和课后。

课前教师备课时，要充分研究教材，根据教材确定每个课时的教学目标和准备采用的教学模式、评价方式等。在准备过程中，教师不能全凭经验，必须查阅大量的材料，寻找大量的辅助材料，对教材进行扩展，以帮助学生深度理解课文内容。同时，要充分挖掘学生潜力，发挥学生自主学习能力，教师还必须增加主题相关、难度适中、阅读性强的扩展材料，供学生在课后学习，扩展他们的视野。教师精心准备的教学内容是否会被学生接受，接受了多少；在老师营造的教学环境里，师生互动、生生互动、学生与教学材料互动的情况如何，这些都是课堂教学生成的动态性课程资源。课后学生要进行大量的语言实践练习，巩固课堂教学内容。教师从学生的课后实践捕捉到的信息是改进教学的基础。例如，学生近期的大学英语学习进步如何？怎样创新使用教材帮助学生增强语言交际能力？妨碍他们交际能力提高的关键因素是什么？如何增强课堂互动效果？哪些课程资源是近期要开发和使用的？学生也可以不断总结自己的大学英语学习情况。例如，自己在哪些方面的能力还要加强，是口译，还是翻译？自己的学习策略是否得当？自己的学习目标是否偏高？师生这样的教学反思是下一步成功教学的先决条件，也是课后课程资源建设的基础。

四、大学英语课程资源建设的原则

大学英语课程资源建设是辅助大学英语教学的重要举措，是学生开展个性化学习的前提。在建设过程中应坚持以下原则：

（一）以学生为中心原则

所有大学英语课程资源的建设都是围绕学生的英语学习动机和兴趣而开展的，为学生创造良好的学习氛围，为学生努力学好英语铺路搭桥。因此，不管是资源建设的决策和规划阶段，还是实施、检查和改进阶段，都要以学生的实际需求为出发点，不但要关注他们的知识类资源，还要关注他们的情绪类资源、问题类资源、错误类资源、差异类资源和兴趣类资源，尽可能让他们成为学习的绝对中心，成为知识意义的主动建构者，确保教材所提供的知识不再是教师传授的内容，而是学生主动建构意义的对象，媒体也不再是帮助教师传授知识的手段与方法，而是用来创设情境、进行协作学习和会话交流，即作为学生主动学习、协作式探索的认知工具。

（二）开放性原则

大学英语课程资源建设是一项长期的、系统的积累工作，随着教学改革的不断深入、社会的不断进步和教师专业化发展，已有的课程资源得到更新，新的课程资源得到添加，确保了课程的正常运转。在资源建设过程中，建设者要以开放的心态对待人类创造的所有文明成果，以开放的目光审视周围的事物。开放性原则包括类型的开放性和空间的开放性：类型的开放性指不管课程资源以什么类型存在，只要有利于教育教学，都可以加以开发利用；空间的开放性指课程资源的地域性差异，不管它们是校内或校外、国内或国外，只要能有益于学生知识积累、能力发展、技能提高，都可以加以开发和利用。知识经济是世界一体化的经济，资源的开放性原则是从地区到全球、从微观到宏观、从局部到整体，在不同层次上都要确立的一种基本原则。

（三）前瞻性原则

大学英语课程资源的开发与利用是与学生需求紧密相连的，受现有的课程和现实社会的实际需求推动。但从发展的角度来看，课程资源建设还要与未来社会的发展联系起来。只有这样，才能够帮助学生更好地把握未来社会的一些发展趋势。因此，建设者要具有前瞻性思维，密切关注社会的发展动态，注意吸收当前重要的、有影响力的、处于科技前沿的一些素材，在此基础上开发出对学生来说真正有用的课程资源，对学生加以引导，让他们逐步接受这些新东西，为学生以后的终身学习与可持续发展打下坚实的基础。

（四）经济性原则

在大学英语课程资源开发中，要力主用尽量少的投入开发最大量的课程资源，即实现低投入、高产出。经济性原则涉及经费、时间、空间和学习四个方面：经费的经济性指花较少的钱，甚至不花钱，开发出可以服务于学生的大学英语课程资源，如从互联网上提取本校可以使用的英语资源；时间的经济性原则指立足于现时，开发那些适于当前大学英语教学的课程资源，不能等待更好的时机，否则就错过了最佳学习期；空间的经济性原则是指能就地开发的，就不要舍近求远，同时也指课程网站的容量；学习的经济性主要指以兴趣为导向，开发那些能激发学生学习积极性的课程资源。

（五）适应性原则

内容丰富、形式多样的网络资源在为开发大学英语课程建设提供便利的同时，也给开发和利用带来了一定的难度，迫使人们思考开发什么、以什么形式开发、开发到什么程度等问题。建设大学英语课程资源的目的是为了更好地服务于大学英语教学，无论在内容上还是功能上都要充分考虑教育的需求，要遵循适应性原则，使教师、学生和其他教育工作者能方便及时地获取所需信息，实现资源的利用价值。因此，在筛选资源时，建设者必须了解用户需求，进行需求分析，即结合实际情况，从更加专业的角度对用户提供的需求信息进行科学的分析和表述，确定用户的需求热点和需求方向，做到量身定做或按需供货。适应性原则在大学英语教学中体现为要依据学生语言水平确定语言内容，依据学生年龄特征确定资源形式，依据学生认知基础选择资源范围，依据教学与学习需要确定开发主题。除此之外，大学英语课程资源建设不但要考虑学生的共性情况，更要考虑特定学生的具体特殊情况。

（六）优先性原则

社会的快速发展，科技的突飞猛进，国际合作和交流日益频繁，使得学生需要学习的内容日益增多。同时，随着知识更新速度加快，更新的周期缩短，使学生的学习远非学校教育所能包揽，很多知识，尤其是书本以外的知识，学生只有依靠社会这所无与伦比的"学校"了，把自己融入社会之中，在与他人的交流过程中，抓住一切机会充实自己。因此，大学英语课程资源开发和利用时，必须在可能的课程资源范围内，在充分考虑成本的前提下突出重点，优先开发那些学生迫切需要的、能直接服务于学生的课程资源。

（七）规范性原则

随着大学英语教学改革的不断深入，日渐突出了学生在课程学习和资源利用方面的主体地位。学生是知识的建构者，用什么资源，以及怎么用的问题主要由他们自己决定，教师只起着"搭支架"的作用。传统模式下，教师、学生和课程资源这三者中，教师起着主导作用。而现在，不管是师生间的互动、学生间的互动，还是学生和资源间的互动，教师不再是权威，只是引导者和参与者，学生起着主导性作用。涉及与资源互动时，由于学生自身水平有限，社会阅历不多，对资源中的某些瑕疵，甚至是错误可能鉴别不出来，可能出现摄入错误的内容，妨碍英语学习。因此，建设课程教学资源时，建设的内容一定要由教师严格审核和把关，确保资源的规范性、客观性和科学性，确保资源没有观点和语言层面上的错误，不会误导学生或让学生产生歧义。

五、大学英语课程资源建设应注意的问题

尽管学校上下都意识到大学英语课程资源建设的重要性，但这项工作涉及的面广，建设的周期长，建设过程中需要处理好以下几个问题：

（一）树立正确的资源观

课程资源观是人们对课程资源的态度和看法。课程资源观直接影响教学人员和管理队伍认识、开发课程资源的积极性和创造性，影响课程资源开发的进度、广度、深度和效果。正确的课程资源观对教师开发课程资源起着导向、维持和监督作用，也是影响课程资源有效开发与利用、课程目标的达成、教学计划得以实现的关键因素。大学英语教学和管理队伍庞大，需要上下齐心，统一认识，加强课程资源建设，为学生学好大学英语创造条件。

（二）处理好课程资源建设与课程改革的关系

任何课程改革都必须得到课程资源的支持。如果没有足够的课程资源，学校、教师和学生都会处于需求得不到满足的局面，教学过程就难以坚持下去，更谈不上实现教学目标了。因此，为了确保大学英语课程改革的顺利进行，学校和外语学院必须进行统筹，对全校大学英语课程资源建设进行统一规划，把大学英语课程资源建设纳入大学英语教改计划中，除了设立建设队伍外，还应该分期划拨专款。校院两级教学督导定期检查课程资源的建设成绩，达到预期建设目标后再划拨第二批、第三批建设专款。

（三）注重合理开发课程资源的主体

由于对课程资源认识不足，课程学者和专家一直是课程资源建设的主体，大学英语教师参与的力度不够，学生、学生家长和其他社会力量作为课程资源开发主体的作用还没有得到充分的认识和发挥。尤其是学生，他们作为课程资源建设的受益者，应该认识到自己要具有课程资源开发的强烈动机与愿望，在为完成课程目标的过程中，脚踏实地地去开发

课程资源，重视自己的学习体验与获得。大学英语第二课堂这一模块是学生施展才能的天地，是他们积极参与课程资源建设的主战场。

（四）加快大学英语教师科研成果的课程资源化步伐

高校的科研成果作为科研的产出和结果，既是高素质教师的标志，是衡量学校水平的杠杆，也是社会评价机构对学校进行排名的重要指标。科研成果对学生的影响主要是通过转化为课程资源实现的。研究表明，每十篇有较高学术水平的论文，以其为基础大约可向学生提供一门新的课程。在 Nature 和 Science 发表的一篇论文，以其为基础便可新开发一门课程。大学英语教师基于认知语言学、语料库语言学、应用语言学、二语习得等方面的研究成果虽然没有这么强大的功效，但是它们完全可以直接服务于学生，帮助学生掌握英语单词快速记忆方法，形成有效的英语学习和认知策略。

（五）加强网站建设

大学英语课程资源建设的总体目标是帮助学生学好大学英语，提升他们的总体素质。这一目标和大学英语课程的自身属性决定了课程资源建设主要侧重于文本、教学视频、课件等素材型资源。为了充分利用这些素材型资源，大学英语课程网站建设就至关重要，这是因为大学英语课程资源建设是为学生服务，建设效果体现在学生的利用率上；不管投入了多少的人力和物力，花费了多大的精力，如果建设后的课程资源处于静止状态，没有学生去使用，就是一种资源浪费。

（六）加大人力资源建设力度

影响大学英语教学质量的因素有很多，其中教师是一个关键因素。以教师为核心的教育队伍建设和优化配置始终是课程资源建设中具有决定性意义的环节。因为教师是内生性资源，可以能动性地产出比自身价值更大的教育价值，在课程资源建设中有着特殊的作用，所以各校一定要想方设法体现教师的主体价值，应当加大大学英语教师队伍的建设力度，为他们提供专业发展的机会，营造有利于他们开发和利用课程资源的时间、空间以及心理自由的环境。同时，人力资源建设也包括以英语为母语的外教、留学生、在当地工作的外籍人士、外籍游客，以及具有深厚英语功底的社会人士，这些人力资源都可以加以开发和利用，为学生的英语语言实践创设机会。

实现大学英语课程改革的远大理想需要相应的配套措施和支持系统，否则就只能停留在观念层面而不能转化为现实的教育效果。大学英语课程资源是达成大学英语课程目标的重要保证,合理、有效地开发和利用大学英语课程资源直接关系到大学英语教改工作的实施成效。加强大学英语课程资源建设不仅能培养学生自主学习能力,强化学生的语言技能,更能加强英语与其他学科间的联系,让学生以英语为工具获取专业知识。同时,大学英语课程资源的开发与利用涉及大学英语教学的各个方面,在课程资源的开发与利用过程中,一切活动要以有利于提高教师教学水平和学生学习效果为目的,全面提升学生的素养,帮助学生为跨入社会、融入经济建设做准备。

第六章 高校英语课程体系建设的发展

第一节 大学英语口语课程建设

英语教学是大学英语教学中最重要，也是最困难的一个环节。随着社会的发展，学习者利用口语进行交际的能力愈加显得重要。然而，对非本族英语学习者来说，提高英语口语表达能力却存在诸多困难。很多学习者有较强的阅读能力，较大的词汇量，但口语表达能力却很弱。由于社会、经济和科学的发展要求我国高等教育培养大批适应国际交流需要的各类人才，他们必须具有较强的英语听说能力，所以完善和加强大学英语口语课程建设迫在眉睫。

一、大学英语口语教学目标

口语是利用语言表达思想、进行口头交际的能力。《大学英语课程教学要求》写道：大学英语的教学目标是培养学生的英语综合能力，特别是听说能力。大学阶段的英语教学目标分为三个层次，即一般要求、较高要求和更高要求。三个层次对口语表达能力提出了不同要求：

第一，一般要求。能在学习过程中用英语交流，并能就某一主题进行讨论，能就日常话题和英语国家的人士进行交谈，能就所熟悉的话题经准备后做简单发言，表达比较清楚，语音、语调基本正确，能在交谈中使用基本的会话。

第二，较高要求。能够和英语国家的人士进行比较流利的会话。较好地掌握会话策略，能基本表达个人意见、情感、观点等，能基本陈述事实、事件等，表达思想清楚，语音、语调基本正确。

第三，更高要求。能就一般或专业话题较为流利、准确地进行对话或讨论、能用简练的语句概括内容较长、语言稍难的文本或讲话，能在国际会议和专业交流中宣读论文并参加讨论。

不同性质的大学应该根据学生的实际需求重新进行目标定位，同一大学也可根据学生的不同英语水平设定不同的目标层次。随着经济全球化，英语逐渐成为世界通用语，经济与科学的发展对非英语专业学生的英语口语水平提出了越来越高的要求。

（一）大学英语口语能力的构成

跨文化口头交际能力由两部分组成，即交际能力和跨文化能力。交际能力包括语言能力、语用能力和策略能力。语言能力由语法能力和语篇能力构成。语法能力指交际者在句子层面表现出的语言水平，而语篇能力指的是交际者在篇章层面上显示出的语言水平。语用能力包括实施语言功能的能力（即理解和表达语言功能的能力）和社会文化语言能力（即在特定的语境中理解和使用社会语言规则的能力）。策略能力由补偿能力和协商能力构成。而跨文化能力有三个组成部分，即对文化差异的敏感性、对文化差异的宽容性和处理文化差异的灵活性。

综合起来，大学英语口语课程需要培养学生的口语交际能力、跨文化交际能力和口语自主学习能力。口语自主学习能力也是《大学英语课程教学要求》提到的大学英语口语教学目标之一。

（二）大学英语口语自主学习能力的培养

《大学英语课程教学要求》指出教学模式改革成功的一个标志，就是学生个性化学习方法的形成和学生自主学习能力的发展。新教学模式应能使学生自主选择适合自己需要的课程进行学习，注重培养语言运用能力和自主学习能力。大学英语口语作为公共课，很多时候得让位于学生的专业课。由于总的课时量限制，每周两节口语课时间很难保证学生口语能力达到口语教学目标，更不用说培养跨文化口头交际能力，因此，大学英语口语教学应重视口语学习策略和学生口语自主学习能力的培养。具体地讲，大学英语口语自主学习能力是指学生理解口语教学目标和教学方法，能够确立自己的口语学习目标，能够选择合适的口语学习策略，能够监控自己的口语学习，能够评价自己的口语学习结果。在口语学习过程中，学生能够主动创造环境进行口语训练，有意识地克服口语练习过程中常见的不足。

二、大学英语口语教学理论

大学英语口语教学实践离不开理论的指导。在语言习得和外语教学领域，有诸多关于语言教学的理论，跟大学英语口语教学息息相关的理论有输入输出假说、交际法口语教学理论和任务型口语教学理论。

（一）输入输出假说

不管采用什么样的教学模式，大学英语口语教学都离不开输入和输出两个环节。输入分为视听输入和阅读输入。克拉申的输入假说指出，人们习得一种语言，必须通过理解信息或者接受可理解的语言输入。学习者的习得按照自然习得顺序，通过理解在下个阶段将要习得的结构来进行。输入的语言难度要略高于学习者的现有能力。克拉申的输入假说包含了四个要素：第一，输入数量语言习得必须为学习者提供足够数量的语言输入。第二，输入质量语言输入必须是可理解的，语言输入材料的难度应稍高于学习者目前已掌握的语言知识。第三，输入方式。语言材料主要是在语言环境中自然接收，注重语言意义的粗略调整输入。第四，输入条件。学习者必须在情感焦虑低、情感屏障弱的情况下才能更好地接受输入。

（二）交际法口语教学理论

交际法教学的核心都是交际能力。交际能力应包括形成语法正确的句子的能力和在适当的场合使用这些句子的能力。交际语言能力由三个部分组成，即语言能力、策略能力和心理生理机制。语言能力包括语言组织能力和语言使用能力；策略能力是指为实现某个交际目的而选择最有效的方法的能力；心理生理机制本质上指语言使用的实施阶段所牵涉的心理和生理过程，如在接收语言过程中使用的是视听技能，而在产生语言过程中使用的是神经肌肉技能。

（三）任务型口语教学理论

所谓"任务型教学"，就是以具体的任务为学习动力或动机，以完成任务的过程为学习的过程，以展示任务成果的方式来体现教学成就的教学活动。"任务型教学"强调学生在解决问题中使用语言，强调通过交流来学会交际；关注任务的完成，也关注学习的过程，重视学生在执行任务过程中的能力和策略的培养，以及学生在完成任务过程中参与交际活动任务型教学的目标不再是机械的语言训练，而是实际的语言运用能力的培养，学习者必须理解其所学语言才能完成任务。当学习者尝试进行交际时，他们必须考虑语言运用的得体性。当然，任务型口语教学要求接受口语教学的学生应具备一定的语言知识。如果对目标语一无所知，也就谈不上运用语言完成任务。

三、大学英语口语教学模式与评估方法

有人从现代市场经济的角度来认识大学课程,将学校比作市场,把学生视为消费者,说教师是厂商,课程是商品,教学方法和手段是营销。在市场上,商品是否老化、是否符合消费者的需求,厂商的营销手段是否富有创意、是否表现出商品的吸引力或优越性,从而成功地占领市场份额。从市场营销的角度看,学生是消费者,要重视他们对课程商品的购买欲、购买力和购买行动。按照广告促销的原则,我们提供的课程商品,要能使学生产生购买的愿望。大学英语口语如何使学生产生口语学习的兴趣、欲望以及采取行动是口语教师应该深思的问题。

(一) 大学英语口语教学模式

俗话说,教无定法。大学英语口语多是大班教学,学生水平参差不齐,不同口语教师会使用不同的教学模式。但大体说来,口语课堂可以遵循以下的模式。

1. 从控制练习过渡到自由会话的模式

会话必须是思想、信息、感情的有意义的口头交流。会话绝不是单音、词汇、短语、句子的一种组合游戏或简单的重复,正如句型操练并不是会话一样。真正的会话不包含任何外界的控制。课堂教学可以从控制性的练习逐渐过渡到自由会话。在会话课上,一种活动是教师主宰一切,学生从课本或录音中吸取语言,并在教师的指导下重复这些语言或进行操练;另一种活动则是由学生利用自己已掌握的语言表达思想,在教室里和同学自由地进行会话。从前者过渡到后者,从初学者开始就可实行,无论教什么语言项目,都可从有控制的操练过渡到自由运用。无论训练怎样简单的口语项目,最终都可以,也应该和"交际"联系在一起。在口语教学中,一些老师往往偏重机械性的训练,忽略给学生创造自由会话的机会,这不利于学生自由会话能力的培养。对于初级口语学习者,教师可多一些控制性练习,少一些自由会话;对于中高级学习者,教师则可以减少机械性训练的时间,多设计自由会话的活动。不管使用什么样的教学方法,大学英语口语教学应该遵循从控制练习过渡到自由会话的模式。

2. 投入—运用—学习模式

口语活动非常典型地遵循了同样的模式:投入(Engage)—运用(Activate)—学习(Study),即老师使学生对一个话题产生兴趣,然后让学生完成任务,老师通过观察发现学生在完成任务中存在的问题,最后让学生学习。老师认为有问题的地方在口语课堂上,

应该有明确的任务，原因在于：第一，口语任务给学生提供练习的机会，使学生得到用外语进行交际的真实感受；第二，口语任务给学生和老师提供了信息反馈；第三，口语任务的趣味性有助于激发学生的投入，消除焦虑感。不管是口语教学内容还是口语教学活动，都应注意多样性和趣味性，每一次口语课应该有新的话题，或同一话题的不同角度，口语活动模式如会话、分组讨论、讲故事、角色扮演、看图说话、问答等，应交替使用。分组应尽量变换成员，目的是让学生适应与不同的人交流，也有助于增加新鲜感。

3.《大学英语课程教学要求》提出的新模式

《大学英语课程教学要求》提出的新教学模式并不是针对口语教学，但为口语教学提供了全新的模式。新的教学模式应体现英语教学的实用性、知识性和趣味性相结合的原则，应充分调动教师和学生两个方面的积极性，尤其要确定学生在教学过程中的主体地位，新教学模式在技术上应体现交互性、可实现性和易于操作性。另外，新教学模式在充分利用现代技术的同时，也要充分考虑和合理继承现有教学模式中的优秀部分。

（二）大学英语口语评估方式

大学英语口语课程建设离不开口语测试的改革和完善，但口语测试过程中也存在目标不明确、标准模糊以及评分主观等问题。大学英语口语评估应采用形成性评估和终结性评估相结合的方式。形成性评估包括学生自我评估、学生相互间的评估、教师对学生的评估、教务部门对学生的评估等，通过课堂活动和课外活动的记录、网上自学记录、学习档案记录、访谈和座谈形式对学生学习过程进行观察、评估和监督，促进学生有效的学习。终结性评估指期末课程考试和水平考试。下面我们将对形成性评估和终结性评估分别进行讨论。

1. 形成性评估

形成性评估强调学习的过程，旨在保证教学目标更好实现。除了评价技能、知识等要素外，这种方式更适合评价态度、兴趣、策略、合作精神等不可量化的因素，评估结果多为等级加评语的形式。形成性评估通常在友好、非正式、开放、宽松的环境中进行，该评价手段是一种低焦虑的新型学习模式。形成性评价突出课程评价的公正性、多样性和综合性，多元化的评价方法不仅可以有效保证课堂教学效果，而且也可以充分调动学生开口说英语的主动性和积极性。形成性评价能够协调好外语教学实践中教与学的关系，激励学生的学习积极性。

2. 终结性评估

终结性评估主要指大学英语口语期末口试，期末口试可采用交际法口语测试。在交际法口语测试模式下设计的测试任务应该具有目的性、趣味性和启发性，对口语教学有积极的反拨作用。交际法口语测试以互动性为重要特征，输出在某种程度上应具有不可预测性，应该提供真实的环境以及信息加工过程应在真实的时间中进行。那么，交际法口语测试具有哪些特点呢？

（1）强调测试任务的真实性和交际性

交际性是指考查学生完成某个交际任务的能力，而非某个语言技能和语言知识的掌握情况。从交际法的角度来看，所谓掌握一门语言是指在一定的语境中能够使用所学的语言进行有效的交际，交流思想感情，达到相互沟通的目的。从语言作为交际工具的角度来看，仅仅掌握语言形式是不能够进行有效的交际的，因为语言交际过程涉及交际的目的、语境、彼此的角色地位等；同样的语言形式，由不同的人在不同的场合以不同的方式讲出来，其含义可能完全不同，因此语言交际过程实际上是一种解释过程（Interpretation），是交际双方的协同过程（Negotiation）。既然如此、语言测试就必须在真实的（Au-thentic）语境中采用真实材料来进行，观察学生在真实语境中运用语言达到交际目的的能力，并以此来判断学生的语言水平。口语测试的目的是测试口头交际能力，测试任务的交际性可以保证测试效度。

（2）强调测试任务的交互性和情景性

口头交际具有交互性，交流双方既是信息的接收者又是语言的产出者。口试过程中突出交互性，即考生和考官之间，或者考生和考生之间要围绕某个话题进行多个回合的交流，双方不停地交换听说角色，尽量根据对方需求提供信息，达到交流的目的。情景性是指将口试试题置于一个真实的情景中，明确规定考生所要扮演的角色和交际对方的角色，考生按照要求做出与自己身份相符的反应，由此考察语言的得体性。正是测试任务的交互性和情景性，保证了其交际性和真实性。

（3）注重需求分析

交际法口语测试结果可靠，其内容效度也较高。如果要测出受试者在真实情景中运用语言的能力，测试就应该尽可能真实地反映真实情景。这就意味着测试任务的抽样应该具有代表性。所以，交际法口语测试中最重要的一点就是要对受测者的需求进行准确的描述，即调查他们在真实生活中需要使用口语的种种可能情况，并在测试任务中出现。交际法口语测试的设计通常是建立在对学生需求分析基础上的，以保证测试任务及测试本身具有较高的真实性。因此，交际口语测试往往反映某个国家和地区的文化特点，如英国剑桥大学在我国推行的商务英语证书考试就是一个典型的交际测试，其中很多内容就与中国相关。

(4) 评分采用定性而非定量

在交际法口语测试中，评分必然带有一定的主观性。真实情景中并没有客观的正确或者错误的答案，交际法口语测试在评估学生口语技能的高低时，多采用定性的方法。如把口头表达能力分几个等级，每个等级都须达到什么样的要求，这些详细的描述对保证评分的公正客观大有好处。可用综合性评分来描述交际法口试评分，即评估语言的准确性、得体性和流利性三者达到的总体有效交际程度，按照考生完成任务的综合效果来评定成绩。

第二节　大学英语教材建设

以服务于教学为目的的教材是英语课程实施的主要组成部分，在大学英语教学过程中处于中枢地位，是完成教学内容和实现教学目标的重要前提条件。高水平、高质量的教材对教师、学生、教学过程以及教学结果都起着积极的作用。教材不仅是教学的工具，而且是一定教学目标、教学观念及教学方法的具体体现。教师以教材为中心组织课堂教学，学生从教材中获取语言知识，训练和提高语用能力。教与学的方法在一定程度上取决于教材的内容。为了打好语言基础，培养语言应用能力，提高文化素养，教材应为课堂教学提供最佳的语言样本和有系统性、有针对性的语言实践活动材料。

我国高校众多，各校师资水平、教学条件、生源情况、教学目标等差异很大。一个教学大纲，一种课程模式，一套教材，显然是不切实际的。可喜的是，近年来，第四代大学英语教材先后问世。这些教材反映了先进的语言、学习和教学理论，考虑了学习者的个性差异，具有丰富的支持性教学和学习材料，符合教师教学和职业发展的需要，能平衡发展学生听、说、读、写四种基本语言技能。它们的相继出版，使我国大学英语教材建设上了一个新台阶。这些基础必修课教材的使用对象是大学一、二年级的学生，换句话说，不管是理、工、农、医学科的学生，还是经、法、文、史的学生，在基础阶段都可使用这些教材。相比之下，我国大学英语选修课、专业英语和双语课程教材建设起步不久，有待加大建设力度。

一、大学英语校本教材开发

我国大学英语的主干教材经过多年的建设，已初具规模，取得了令人瞩目的成就。如果考虑时间、精力和经费等因素，不是每个学校都有能力去开发主干教材，即便开发出适合基础阶段教学的主干教材，也难以保证得以大范围推广，所以应该转变思路，抓住时机，研究本校大学英语教学改革思路，挖掘本校教师潜力，研究本校学生的需求，在此基础上开展校本教材研究，推出大学英语选修课和专业英语教材。

（一）校本教材是大学英语课程建设的需要

各高等学校应根据实际情况，按照《大学英语课程教学要求》和本校的大学英语教学目标设计出各自的大学英语课程体系，将综合英语类、语言技能类、语言应用类、语言文化类和专业英语类等必修课和选修课有机结合，确保不同层次的学生在英语应用能力方面得到充分的训练和提高。在谈到课程内容时指出，无论是主要基于计算机的听说课程，还是主要基于课堂教学的课程，其设置都要充分体现个性化，考虑不同起点的学生，既要照顾起点较低学生，又要给基础较好的学生创造发展的空间；既能使学生打下扎实的语言基础，又要培养他们较强的实际应用能力，尤其是听、说、写的能力；既要保证学生在整个大学期间的英语语言水平稳步提高，又要有利于学生个性化的学习，以满足他们各自不同的专业发展需要。

从这样的论述中可以看出，课程设置要多样化，发展学生的综合能力；课程设置要个性化，满足不同起点学生的学习需求；课程设置要系统化，满足学生四年不断线的学习。一旦决定要推出新的课程，教师面临的第一项任务就是教材。近年来大学英语教学改革，人们一直把关注点放在基础必修课上，对大学英语选修课和专业英语重视不够。

不容忽视的是，在选修课教材建设中必须考虑教材的使用对象，必须立足本校学生的实际情况，开展校本教材研究，开发适合本校学生的大学英语选修课教材。只有这样，才能给本校学生提供必要的语言环境和适合的外语教科书，激发他们的学习兴趣，激活他们的学习动机，帮助他们树立语言学习的自信心。

（二）大学英语校本教材建设是提升教材科研能力的重要途径

从我国目前的情况来看，英语教师在教材编写中没有能够发挥应有的作用。

实际上，教师在教育中的主导地位是谁也不能替代的。教师最了解学生的学习需求，也最了解自己教学的需求，编写教材应该是天经地义的事情。目前，教材发展有一种职业化的趋势，即多数教材都是那些职业化教材编写者编写的。这种发展趋势不利于教材的发展，最根本的原因是，很多职业化教材编写者长期脱离教学实践，有的甚至还不从事语言学习和语言教学的研究。他们编写的教材既不符合实际语言教学的需要，也不体现语言学习和语言教学研究的新成果。因此，教师自己编写教材的意义是显而易见的。尽管教材编写并非易事，但是加强这方面的建设，对提高大学英语师资队伍的科研能力是颇有帮助的。这是由于围绕教材编写，教师一定会思考以下问题：

第一，围绕这门课程有哪些先进的语言理论、学习理论和教学理论？

第二，指导教材编写的课程要求是什么？

第三，教材如何平衡发展听、说、读、写这四项语言基本技能？

第四，使用该教材的教师如何开展形成性评价和终结性评价？

第五，教材该如何照顾学习者的个性差异？

第六，教材是否考虑了教师教学和职业发展的需要？

第七，使用这本教材需要什么样的支持性教学材料和教学资源？

如果教师把这些问题都思考透了，他毫无疑问成了这门课程的专家。这种以学校为研究主阵地、以教师为主体、以解决教学实践中教材需求的研究将成为今后教材建设的重点。

由此看来，鼓励教师开展校本教材建设是一举两得的事情，应该作为大学英语精品课程建设的重点来抓。

（三）大学英语校本教材开发的层次

校本教材开发立足于自己学校的办学特色、学生基础和教师资源。我们可以从以下几个方面着手：

1. 大学英语必修课教材开发

一般院校大学英语只设一门课程，把听、说、读、写所有内容放在一块，按照一定的课时分配授课，期末再按照听力、口语、读写的比例折合成一个分数，这样的课程设置不利于提高学生的听说能力，因为听和说占的比例较少，读写能力强的学生，听说差一点也能过关。所以，要提高非英语专业学生的语言应用能力，尤其是口头交际能力，必须独立设置"大学英语听说课程"或"大学英语口语课程"。因此，有条件的学校就可以编写适合本校学生的大学英语听说教材或大学英语口语教材。

2. 大学英语选修课教材开发

对不少大学来说，设置大学英语选修课还是近几年的事情。由于教材的编写与出版需要一定的周期，所以，不少大学英语选修课目前使用了英语专业的教材。由此可以看出，大学英语选修课教材开发的市场潜力很大。学校的办学特色、专业差异、学生差异等决定了校与校之间的选修课设置既有普遍性，也有独特性。即每个学校除了开设英文电影赏析、中级口译、实用英语写作这些大家都可能开设的选修课外，还可能开设一些适合本校学生专业特色、其他学校不会开设的选修课。规划课程时，如果没有充足的教师资源和教材建设资源，应首先考虑开发特色课程的教材，为学校的特色人才培养创造条件。

3. 专业英语和双语课程教材开发

目前，一般学校把专业英语或双语课程放在二级学院，学校对二级学院的课程教学大纲、学分和学时、授课方式、考核方式不进行统一的规定，由二级学院自己安排。从长远建设来看，应该改变这种状况，把所有的专业英语和双语课程归到学校统一管理，纳入大学课程体系中。大学英语教师多半只能以参与者的身份参加这些专业英语或双语课程的教材建设。随着经济全球化和区域化的不断深入，世界各国和地区间的经济联系日益加强，越来越广泛地纳入国际经济发展的轨道。社会对各类人才的外语要求也越来越高，各学院在逐步加大专业英语和双语课程建设。由于担任专业英语课程教学的教师英语基本功欠佳，他们急需大学英语教师的参与，以把好语言关。

4. 大学英语辅助性教材开发

非英语专业学生面大、人数众多，来自全国不同地方，英语水平差异很大。大学英语必修课的教材不可能满足所有学生的学习需求。同时，由于大学英语各类证书考试、资格考试、水平考试的客观存在和社会对毕业生持证的要求，学生不得不一次次报名参加考试。为了照顾学生的个性化学习，尽可能给学生创造自主学习的机会，使他们既能掌握语言知识，又能增强应试能力，每个学校都应努力开发这类大学英语辅助性教材，只是各校在开发此类教材时，要编出自己的特色，要往形成规模效应和品牌效应的方向发展。

二、大学英语教材的编写原则

大学英语教学不同于英语专业教学，也不同于专业英语（如法律英语）教学，它面对的是全国1000多所高校的数百万大学生，要求统一大纲、统一教材、统一水平测试，因此，它不可能像英语专业或专业英语教学那样，主要由教师来考虑、设计每一堂课的教学模式。大学英语的教学指导思想是通过大学英语教材变成教师和学生的教学行为的。从一定意义上讲，教材的设计模式很大程度上规定了课堂教学模式，而课堂教学模式又在很大程度上规定了学生的学习行为模式。以一种语言知识为中心的教材，必然造成满堂灌的课堂教学模式。一种按语言交互活动为中心而设计的教材，想要满堂灌也很难做到，除非教师撇开教材另搞一套。这说明教材的编写原则起着关键作用。

外语教材的编写体系大体遵循两条原则：一是有几十年历史的以语法为纲的编写原则，另一条是二十世纪七十年代出现的以功能意念为主线的编写体系。在具体的编写过程中，人们不断围绕选材、编写体例等展开研究。现代外语教材的编写原则最重要的有"10性"：规范性、真实性、刺激性、准确性、适当性、开放性、重现性、综合性、应用性、学生参与性。我们结合自己编写教材的实践经验，也提出了大学英语教材的10大编写原则：人本性、时代性、真实性、多样性、实用性、知识性、适应性、多元文化性、开放性、立体性。

（一）人本性

作为教材编写指导原则之一的人本性，它有别于拟定编写大纲、划定选材范围、确定练习形式这些具体编写流程。它的着眼点在教材的服务对象：学生和教师。在编写过程中，要随时确保使用这套教材的学生和教师利益的最大化。比如，教材的定价多少？定价是否合理？装帧是否既美观又耐用？是否需要配套使用设备？如语言实验室、录像机、多媒体计算机等。

（二）时代性

教材中的许多名篇与21世纪网络时代的经济、科技发展及现实生活相脱节，所以只有通过修订，补充具有现代信息的内容，才能确保该教材的时代性，不仅指材料要以反映当代英语语言特点的当代作品为主，还要求作品内容反映当代人所感兴趣的话题。确定大学英语教材时，在内容选材上要以一定规模的抽样调查为基础，而不能只按主编的个人兴趣或主观臆断决定取舍。

（三）真实性

尽管经济的发展推动了各层面的英语教学改革，高中毕业生的英语基础已得到大大的提高，但是他们的词汇量多数还在2 500个左右。所以，教材编写时，编者选择了原汁原味的课文后，本着词汇控制法原则与结构控制法原则，对课文的原文材料进行处理，即先对原材料进行删减，使其长度和难度适合教材，再对原文材料进行修改，如把难句改写得简单一点，对难词用较简单的同义词或近义词来替换，使之不要超纲。这两种方法是编写教材，特别是利用原文时必然要做的工作。但是，这也不可避免地涉及一个平衡问题。应当看到这样一个事实，现在有许多读完了大学英语教程、通过了国家四级统考的学生，在阅读英语报刊、书籍、文件时，仍存在相当大的困难。他们反映所读的文章生词量大，结构难，毕业后读到的语言和以前书本上学到的语言好像不一样。为什么会出现这种情况呢？原因就是他们从课文中学习的语言不少是经过调整或修改过的。难句已改写，长句已缩短，大词已替换，非正规的表达法已改为正规的表达法，这种语言和外部世界真实的语言当然有明显的区别。所以，编写教材时要尽快缩小这个差距，尽量选择难度不大的文章，尽量少地修改原文，保证所选材料语言的真实性。

（四）多样性

教材的多样性应该体现在三个方面：

第一，文章题材多样化，社会生活的方方面面都要涉及。当今世界，科学技术发展迅猛，全球经济一体化趋势更为明显，综合国力竞争日趋激烈。置身于这个迅速发展的社会，学生也有获取各种信息、接触各类题材的愿望，因为接触对外政策、法律、宗教、文化、教育、文艺体育、科技、能源交通、环境保护、城市建设、市场经济、金融外贸、旅游、医疗卫生、民族政策、家庭婚姻、青少年问题等题材的信息本身也是提高学生认知能力和词汇量的有效手段。

第二，体裁多样化，以说明文为主，叙述文、描述文、议论文都要有一定的体现。

第三，语域多样化，学术文体、新闻报道、典雅美文、戏剧小说都应该有一点。尤其是口语体的文章，历来为我国大学英语教材所忽视，应该引起重视。

（五）实用性

教材的实用性，就是教材要充分考虑大学生的实际情感、思想和生活经历。设计时，编写人员要分析大学生的学习动机和社会对毕业生的需求，确保通过该教材的学习，做到获取知识、掌握技巧、提高使用能力的三结合，使他们在今后的工作和社会交往中能用英语有效地进行口头和书面的信息交流。用最简单的话来说，学生学的东西不但是他们感兴趣的，同时还要保证在实际生活和工作中派上用场，突出使用性和操作性，最大限度地为学生提供方便。不要出现学的不用，或用得少，要用的知识教材上又没有，或涉及不深。

翻阅大学英语教材建设史，不难发现，第一代和第二代大学英语教材，甚至包括第三代大学英语教材的选材偏文学性，科普文章占很少比例，编写方式一般为五部曲：一生词、二课文、三语法、四注释、五练习。教学的目的是从生词、句子入手，了解篇章结构和全文大意。这种模式注重学生阅读能力的培养，但忽视了交际能力，内容与专业脱节，学了不能用之于专业知识的表达，不利于今后的工作，造成教学资源浪费。

（六）知识性

教材没有系统的语言知识安排，就谈不上对学生语言能力的培养，对语言知识的系统把握是学生语言能力的重要组成部分。教材内容要能够提供当代大学生普遍感兴趣的知识，如目标语文化知识、社会知识、民俗知识、生活知识、交际知识、心理知识、思维知识等，把语言学习潜隐到学生认知能力的发展中去，英语学习不再以显性的语言知识为指标，而是在有价值的信息交流和对共同感兴趣的热点话题讨论中实现对目标语的自然习得，理解和评价课文提供的信息，比掌握几个孤立的语言知识点更重要。当然，一本教材不可能涵盖上面提到的那么多知识，但追求它的导向作用，希望它激发起学生的学习积极性，引导学生开展自主学习，完成从已知到未知、从简单到复杂、由浅入深、由易到难这个逐步深化的认识过程，在此基础上，拓展自己的语言技能，为学以致用打下坚实的基础。

（七）适应性

威多森指出，有效的语言教学必须与自然过程一致而非抵触，必须促进和加快学习进程而非阻碍学习进程。教师和教学必须适应学生，教材服务于教学授予对象，因此，教学授予对象应该作为评估教材适应性的一个重要因素。换句话说，教学内容主要体现在教材中，其要求与难度必须适合学生的接受能力，要和学生的年龄、文化、能力和发展水平相适应，是学生可以接受的。

（八）多元文化性

越来越多的业内人士认识到提高学生的外语运用能力必须重视目标语文化的导入，广大师生也意识到语言能力教育已远远不能满足他们的需求，跨文化交际能力是外语教育的最终目的，而且，语言教育在很大程度上应是文化教育。文化教育是实现运用语言进行交际的关键。语言能力是交际能力的基础，然而具备了语言能力并不意味着具备了交际能力。因为交际能力包括听、说、读、写四种语言技能和社会能力（即和不同文化背景的人们进行合适交际的能力），所以教材不但要重视语言的外在形式和语法结构，培养学生讲出合乎语法规则的句子，还要强调语言的社会环境，特别是语言的文化差异，帮助学生了解什么场合该说什么话。

（九）开放性

大学教材的开放性既体现在学生身上，也体现在教师身上。对学生来说，由于他们的学习需求、学习风格和学习策略不尽相同，单一的课程资源无法满足全体学生的需要，因此，教材要能引导不同层次的学生去思考，去寻求自己需要的信息，拓展自己的知识面，发展自己的技能，最后让他们都学有所得。对教师来说，教材只是一个共同的框架，课堂上的活动和教学可以因学生的需求而多样化。教师可以从不同的教材上选择合适的材料，或者是在一套基本教材之外有多种补充，实现以一本教材为主线，以充实和拓展教材内容为手段，以强化学生知识和技能为目标展开教学。

（十）立体性

从狭义上讲，教材就是一般理解的"课本"，而广义的教材可以理解为教学材料。现在，对教材通行的定义是：教材是指课堂上和课堂外教师和学生使用的所有教学材料，如课本、练习册、活动册、故事书、补充练习、辅导练习、自学手册、录像带、报刊杂志、广播电视节目、幻灯片、照片、卡片、教学实物、计算机软件等。总之，凡是有利于学生增长知识或发展技能的材料都可称之为教材。因此，我们现在也应该从广义的角度开展大学英语立体化教材建设。大学英语立体化教材建设的核心问题是如何从单纯的纸质书本延伸到多媒体课件，如何突破大学英语教学手段单一的局限，充分利用网络技术和多媒体技术，实现教材以课本、光盘和网络课程项目的补充和支持。只有这样才有助于拓宽教学内容，使教学内容从课本开始，通过因特网这一媒介，延伸到多元文化的信息世界，有助于广大教师对教与学的思维转换和手段更新，引起教学模式的转变，既可以实现由教师现场指导的实时同步学习，也可以实现在教学计划指导下的非实时自学，尤其是网络课程，给学生提供了个性化学习的空间。

上述讨论的编写原则，是针对大学英语各个层面的教材，既涵盖基础必修课使用的教材，也包括选修课教材、专业英语和双语教材、辅助性教材。在实际编写过程中，应充分分析拟编教材的层次和适用对象，一切从实际情况出发。

第三节　教师团队建设

大学英语是我国高等教育的一门公共基础课，它集知识、能力、人文教育于一身，历来受到社会、政府和学生的高度重视。大学英语的教学质量往往成为考察一所学校教学质量的风向标，而科学的、合理的教师资源配置是保证其教学质量的前提条件。因此，如何加快大学英语师资队伍建设，培养适应现代社会发展需求的高素质师资队伍已成为高校亟待解决的问题。

一、教师方面的问题

（一）专业化程度需要提高

语言教育是一门严肃的科学，有其自身的理论基础和发展规律。它所涉及的教育学、心理学和应用语言学是从事外语教学职业的人必不可少的条件性知识。在我国，只有师范院校或综合院校的师范专业才把教育学和心理学列入必修课程；非师范院校或专业的毕业生往往只是在数周的岗前培训中接受一些粗浅的教育学知识。这种以学科知识代替专业能力的现象严重影响了我国教师的专业化程度。

（二）教育观念需要更新

不少大学英语教师看不到社会对人才的真正需求，围绕考试的"指挥棒"转，以"高过级率"为目标，课堂上"填鸭式"教学，讲解词语、分析语法点，反复举例说明，逐句翻译课文，搞题海战术。这种教学模式以教师为中心，忽略学生的主观能动性，重知识传授，轻能力培养，其结果是学生忙于记笔记，被老师牵着鼻子走，没有参与语言实践的机会，学生的语言应用能力得不到提高，更不用说培养学生的自主学习能力和思维创新能力了。这种观念与"语言作为交际工具"的本质背道而驰，培养出来的学生语言应用能力较差，根本不能满足社会的需要。英语教师必须尽快改变传统教学观念，以学生为中心，发挥学生的主体作用。教师的角色是学生学习的引导者、合作者和促进者，教给学生学习方法和学习策略，培养运用外语的技能。

（三）教学能力需要加强

长期以来，我国高校教师队伍的培养更多地注重教师的专业学术水平和学历，形成了一味追求高学历的现象，热衷于写文章、搞项目，教学被不同程度地忽视，对教学规律的研究更是鲜有涉足。然而，身为高校教师，如果不能掌握系统的教育理论，没有先进的教育观念为先导，不具备与教学活动有关的基本知识，不研究教学的方法和规律，要高质量地完成人才培养任务将根本无从谈起。

（四）知识结构需要调整

随着经济的不断发展，国际交流日益频繁，社会对复合型人才的需求激增，为了指导下一步的大学英语教学改革，《大学英语课程教学要求》就课程设置做了明确的要求，指出各高等学校要根据实际情况，设计各自的大学英语课程体系，将综合英语类、语言技能类、语言应用类、语言文化类和专业英语类等必修课程和选修课程有机结合起来。但是，大学英语教师在学习期间，修读的课程主要围绕语言和文学。大学英语教学中，大多数学校只开设了大学英语一门课程，涵盖听、说、读、写等教学内容，造成若干大学英语教师上同一门课程的局面，使得大学英语教师的知识结构单一、片面。要适应教学需要，他们必须坚持自我发展，完善知识结构，为开设选修课和充实必修课做好准备。

（五）信息素养需要强化

人类已进入信息社会。在信息社会里，信息技术将带来教学方法、教学过程和教学资料等多方面的变化，并以此改进教学效果，引发教育教学领域全面而深刻的变革。教师作为新知识的传授者，就必须主动适应信息社会，掌握信息应用能力，不断更新自己的知识与信息应用能力，紧密联系的是对现代教育技术的掌握和应用能力。随着现代科学技术的发展，教育技术和手段不断更新，教学中广泛使用高科技教学手段，掌握和应用现代教育技术已经成为当今高校教师的一项基本功。但是，大学英语教师多半是文科出身，对现代教育技术了解不多，何况信息技术和教育技术更新特别快，使得大学英语教师在这方面的知识显得有些跟不上时代的发展。

（六）科研意识需要培养

大学英语教师学历普遍偏低，长期承担着繁重的教学任务，加上不少院校一直把大学英语四、六级过关率作为评价大学英语教师教学能力的主要指标，淡化了教师的科研能力，教师就只好凭经验和直觉进行教学，很少进行理论上的反思。这种状况与高校教师的职责和任务极为不相称，因为大学不仅是培养高等人才的地方，也应该是科学研究的前沿阵地。

二、大学英语师资队伍建设观念

大学英语教师是决定学校大学英语教学水平的关键因素。如何加强师资队伍建设是目前所有高校面临的共同课题。加强师资队伍建设，关键在于如何始终通过坚持以人为本、以教学为本、以师德为本，通过政策引导与管理体制的转变，充分调动教师的积极性、主动性，为他们的教学、科研工作提供良好的条件，建设好教师干事业、出成果所需要的工作环境，进而实现师资队伍水平的整体提升。

（一）以人为本，促进教师共同发展

以人为本的教师队伍建设，就是在实际工作中充分重视教师的地位，确保教师的数量，提高教师的质量，客观公正地选拔和任用教师，根据教师自身特长提供自我提升机会，营造一个和谐发展的氛围。

教师教书育人的积极性能否充分地调动起来，他们的聪明才智能否充分地发挥出来，在很大程度上取决于教师地位的高低。教师的地位，不但包括政治地位，如专家治校，进一步加大学术权力在高校管理中的权重，将大学作为学术组织来建设，组织学术团队；也包括教师的经济地位，如提高教师的工资待遇，确保符合教授、副教授、讲师标准的教师能顺利晋升职称。

教师队伍建设的核心是教师的质量问题。要提高大学英语教师的质量，使他们具有丰富的专业知识、较强的教学能力和较高的业务水平，前提条件是大学英语教师的数量。没有数量，难以确保质量，因为如果教师一直处于超负荷运转状态，他们就没有自我发展的时间保证，提高质量就是一句空话。

管理人员要充分利用现有资源，优化教师资源配置。教师自我发展的重要内容之一就是科研和教研工作。当今时代，单枪匹马的研究不具备优势，教师必须精诚合作。因此，学术团队的建设就成为新时期师资队伍建设中优化教师资源配置的重要体现。学术团队有教学型、科研型和教学科研互补型三种，通过团队内部的合作，团队人员可实现优势互补，共同提高，确保教师的共同发展。

（二）以教学为本，实现以教学带科研、以科研完善教学

大学是知识生产、传播和创新的机构，是发展科学技术文化的场所。探索真理、研究学术、发展科学是大学教师的一项重要任务。因此，大学教师应重视并积极参加科学研究，通过科学研究促进教学工作和服务于国家的现代化建设。同时，大学首先是培养人才的地方，进行教学和培养人才是大学的中心工作，教学是大学教师的首要任务。大学有承担科学研究的职能，但教师要完成科学研究任务是以搞好教学工作为前提的，以牺牲教学和人才培养为代价的科学研究背离了大学教育的目标，也是大学教师的失职。从这个意义上讲，大学和大学教师必须坚持以教学为本，牢固确立人才培养是大学的根本任务，牢固确立质量是大学的生命线，牢固确立教学工作在大学各项工作中的中心地位。所以，大学英语师资队伍建设，要改变一直以来的重学历提高、忽视教学岗位职能培养和训练的现状。大学既要重视专业学术水平的提高，也要重视教学学术水平的提高，致力于培养教坛

新秀和教学名师。在此基础上，充分发挥教坛新秀和教学名师的示范作用，实现以点带面。

我们强调教学，坚持以教学为本，促进大学教学水平的全面提升，并不意味着忽视甚至排斥科研，相反它还可以更好地促进教师热心科研、潜心治学，然后将研究成果用于教学、完善教学，提高教学质量，实现教学与科研的良性互动。

（三）以开放式建设为指导，多维度提高教师素养

为了建设一支数量充足、结构合理、爱岗敬业、素质优良的大学英语教师队伍，各校花费了大量的培养资金，但效果不是非常明显。因为长期以来，高等学校在师资队伍培养上一直存在着以在职为主、脱产为辅，以本地为主、外地为辅的观念。这是一种封闭性的人才培养举措，它片面追求学历的提高，忽视了教师的差异性，不能全方位地满足教师的需求。大学英语教学队伍的建设核心是提升教师的素质，这些素质包括教学理论、专业知识、教学技能、交际技能、科研能力。一两次学习不能帮助教师完全具有这些素质，更何况随着时代的发展和社会的进步，人们对教师素质的期望值还在不断变化。这就要求学校树立开放的教师队伍建设观念，尽可能地为大学英语教师的终身学习创造条件，提供机会。如多为教师提供出国进修、参加国际会议的机会；提供去国内一流大学进修、学习的机会，让教师最大限度地获取前沿学科知识、教学方法和经验，提高培养质量和效益；邀请名家前来讲学，开阔教师视野；举办学术沙龙，给教师提供学习与借鉴的机会；举办院长或系主任论坛，让老师了解本校自己专业或学科的发展历程，帮助青年教师确定自己今后的发展目标等。

总之，开放式的教师队伍建设观念，就是学校在充分调研现有人才的基础上，推出一系列举措，使不同层次的教师在专业知识、教学技能、科研能力等方面都有明显的提升，最后形成一支年龄结构、职称结构、学位结构更加合理的教师队伍。

（四）以团队建设为目标，实施分层培养

大学英语师资队伍建设要以团队为建设目标，突出协调性，即所有的大学英语教师是一个大的团队。在这个团队中，在培养方法上要处理好重点和一般、骨干与全面的关系，使整个师资队伍能和谐地发展。

大学英语教师这个团队中，具有副教授职称以上的教师可划为第一层次，这些教师已具备了一定的科研能力和较高的教学水平。在师资队伍建设中，应该多关注他们的科研、课题、教学成果、教材建设、精品课程建设、副教授的职称晋升等。第一层次的教师是团

队的核心，对第二、第三层次的教师起着传、帮、带的作用。因此，把时间、精力和建设经费投到这部分教师身上时，要给他们下达任务，希望他们发展成为学科带头人以便带动整个学科的发展，提升学科的层次，完善和促进学科队伍的建设。

具有讲师职称的教师可划为第二层次，这些教师已有至少五年的教学经历，积累了一定的教学经验。他们需要补充新的知识，并确立今后的研究方向。对他们的主要关注点在如何把教学与科研结合起来，将教学实践中遇到的问题，通过分析与研究，从理论高度上加以认识，并提出解决方法，再将研究结果用于课堂教学实践，在教学实践中加以检验。做到在教学过程中开展研究，用研究成果充实和丰富课堂教学，使教学与研究相互补充，相互促进，真正地互动起来。要鼓励他们通过学习研究，不断提高自己的教学水平，努力构建具有特色的和切实可行的教学模式。除此之外，还要关注他们攻读硕士或博士、晋升副教授等现实问题。

助教可划为第三层次。助教如果没有硕士学位，就不具备课程的主讲资格，就只能协助其他教师开展教学。因此，对他们的关注点主要在如何了解学校的各种规章制度，尤其是有关大学英语教学方面的规定，了解本学科的课程教学特点、教学要求以及教学各个环节，使他们尽快完成从学生到教师的角色转换。除此之外，还要关注他们攻读硕士或博士、晋升讲师、确定今后的发展方向等问题。

三、大学英语师资队伍建设举措

开放式的大学英语师资队伍建设理念表明，师资建设的形式已不是传统意义上那种为了提高学历和职称开展的脱产、半脱产或在职学习，现已呈现多样化特征。这些举措旨在解决强化教学能力、提高科研能力和提升学历这三大类问题。

（一）强化教学能力

围绕如何强化大学英语教师的教学能力，提高大学英语教学水平，可推行以下师资队伍的建设措施：

1. 教学督导制

实施校院两级教学督导制，每学期均有听课重点，如新引进的教师、在学评教中得分较低的教师、拟晋升高一级职称的教师、拟参加课堂教学比赛的教师。督导委员听课后，不但会将涉及教学内容、教学方法、教学效果、师生互动情况等方面的意见反馈给授课教师，同时也反馈给主管教学的副院长，帮助建立教师授课档案。

2. 领导和同事听课制

为了在全校形成重视教学、了解教学、参与教学的氛围,可以给各级领导规定听课任务,还要要求他们及时向授课教师反馈听课评价,按时提交听课记录。教师间的相互听课,不但可以拓展自己的知识结构,更重要的是可以接触不同的教学方法,增加自己的情景知识,进而提升自己的应变能力。

3. 青年教师指导制

刚参加工作的青年教师或刚毕业的硕士研究生,尽管他们具有一定的语言基本功,有较高的教学热情,但他们缺乏教学经验,可以安排教学经验丰富、教学功底扎实、乐于带年轻人的老教师与青年教师结对,帮助青年教师尽快熟悉管理性文件、熟悉拟主讲课程的课程大纲、制订本门课程的教学计划和教学日历等,以确保他们在最短的时间内进入角色,掌握一门课程的教学流程,然后独当一面,成为一名合格的大学英语教师。

4. 课程教学团队制

大学英语教师组成的教学团队中,老、中、青教师协调发展,共同进步。在一些新开课程中,可采用课程教学团队制,即同一门课程由两个或两个以上的教师担任教学,其中一个教师为主讲教师。这就是教师队伍建设中传、帮、带的具体体现。刚接受这门课程的新教师或年轻教师第一轮讲授少量内容,第二轮、第三轮逐步增加教学任务,直至独立承担这门课程。

5. 青年教师教学技能培训班

为了提高青年教师的教学技能,可举办青年教师教学技能培训班。该培训为期一周,由讲座、示范课和教学评议组成。讲座内容涵盖广,各位参加培训的青年教师在听完讲座和示范课后,分别讲授一堂课,接受五位专家组成的考核小组的点评。这样的短期集中培训切实提高了青年教师课堂教学的有效性、规范性和科学性。

6. 非师范毕业生岗前培训

外语教师不仅应该具备扎实的语言功底,还需要有一定的教育学、心理学知识。很多学校已充分认识到非师范毕业的教师缺乏系统的教育理论知识的问题,采取了补救措施,要求非师范毕业生在上岗前必须参加高校教师教育理论培训,学习师范学生在校期间必修的高等教育学、大学心理学和高校教师伦理学等课程,并参加考试。考试不合格,下一年重新参加学习,直至考试过关。

7. 信息技术系列培训讲座

大学英语的所有课程都在多媒体教室进行,同时希望教师逐步开展网络课程,所以大学英语教师要把不断提高信息素养作为自己的一项重要工作。

8. 课程进修

为了推动立体化课程体系的建设，可将部分大学英语教师或送到国外，或送到其他高校，或送到本校其他学院，去进修某一门课程，学成后就开设这门课程。这种课程移植针对性强，效果好。它不但为学生增加了课程选择，还拓展了教师的教学能力。

9. 实施人才工程，以点带面

为了推动人才建设，提高教学质量，可采用分层次利用表彰来带动师资队伍建设。

10. 开公开课

学校每学期的中期教学检查，要安排教师面向全校师生开公开课，这是一次相互学习与借鉴的极好机会。

11. 开展社会服务

大学有教学、科研、社会服务和文化传承四大职能。从表面上看，社会服务与大学英语师资队伍建设没有多少直接的联系。仔细分析大学英语教师参与的社会服务项目，如网站的翻译、各类短训班的教学、大型商务活动或体育赛事的口译等，每项活动都在检验教师的专业知识，锻炼教师的情景应变能力，最终都会提升大学英语教师的综合素质。

（二）提高科研能力

大学英语教师都是由传统的英语语言文学专业培养出来的，在学科和跨学科知识结构方面难免先天不足。外语专业的学生在读书期间未受到必要的科研方法和技能的训练，加上缺乏科研条件和氛围，许多大学英语教师也就缺乏科研意识。为了评职称，又被迫去写文章，可写出来的东西质量不高，难以发表。因此，营造研究氛围，提高大学英语教师的科研能力，创造研究条件，解决研究成果的固化问题就成了大学英语师资队伍建设的重要任务。

1. 组建研究所

大学英语教师在提升了自己的学历后，研究的兴趣和范围摆脱了传统的语言和文学，涉及跨文化交际、翻译、特殊用途英语等。为了整合教师研究力量，更好地发挥教师的群体优势，可根据教师的研究方向，组建英语教育研究所、当代语言学研究所、特殊用途英语研究所、跨文化交际研究所、文学研究所。学院拨专款提供研究活动经费，各研究所依据学院规定，定期开展学术交流、研讨教学中的问题、举办学术讲座和交流会等活动，以此提高教师，尤其是青年教师的科研、教研理论水平和能力。研究所每年初须向院学术委员会提交年度工作计划，年底须提交年度工作总结。

2. 举办研讨会

研讨会是专家和学者相互交流最新研究成果、介绍国内外本领域研究现状的极佳机会。派出教师参与这样的学术活动无疑是培养师资的重要途径。而举办研讨会，将专家和学者邀请到家门口来传经送宝，让自己的老师享受知识大餐，更是上乘之举。

3. 论文审改制

大学英语教师的科研是一个漫长的发展过程，培养起他们的科研意识后，不管是确定选题，还是收集资料或撰写初稿，都离不开团队内学科带头人的鼓励和帮助。外语学院的学术委员要主动承担给青年教师修改论文的任务。教师完成论文后，交给学术委员会主任，主任根据论文研究的内容，安排学术委员审改，直至发表。

4. 专家讲学

本着"不求所有，但求所用"的原则，建立学术交流制度，邀请本专业的知名专家来校担任客座教授，或开设讲座课程，或做专场讲座，也能推动教师的科研发展。

5. 科研能力培训班

为了培养青年教师的科研意识，提升他们的科研能力，可举办科研能力培训班，请科研处负责人和本学科的带头人就如何申报课题、如何选题、如何开展研究、如何选择刊物发表自己的论文等与青年教师进行了交流。培训结束后，所有参加培训的青年教师与兄弟学校的同行进行了交流。最后，为参加培训的所有青年教师指定了一名科研骨干，指导他们的论文撰写工作，帮助他们在规定时间内完成一篇论文。

6. 设立专著出版基金

由于出版专著涉及经费问题，为了解决教师的后顾之忧可设立专著出版基金，这大大地提高了教师的科研积极性。

7. 设立科研、教研奖励基金

为鼓励教师在完成教学工作之余，积极投身于科研和教研之中，外语学院可设立科研和教研奖励基金，奖励各级科研和教研课题立项、成果奖和公开发表的论文、出版的专著等。

8. 设立研究所奖励基金

外语学院为了鼓励教师进研究所，积极参加研究所的各项活动，积极从事科研和教研，设立研究所奖励基金，根据研究所成员本年度的科研和教研成果给予奖励。

9. 设立学术假

外语学院为了鼓励教师积极从事科研和教研工作，多出研究成果，设立学术假，凡是有项目需要近期结题、论文或专著亟须完成的，均可向学院申请半年左右的学术休假。这种休假方式对教师撰写专著和系列论文提供了时间上的保证，为他们晋升职称提供了便利。

四、正确处理大学英语师资队伍建设中的几个关系

（一）师资建设的长效机制与短期目标之间的关系

制约大学英语教师队伍建设的诸多因素中，学校的办学规模和办学方向的影响较大。一个学校的大学英语教学特色是需要时间去积淀的，三五年的建设难以达到既定指标，这就需要以可持续发展的理念去规划本单位的大学英语师资队伍，不但要关注教师的职称、学历、年龄、性别等，还要考虑教师的研究专长。看引进的教师与现有教师的研究兴趣是否有相同之处，如果引进教师独树一帜，短时期内就难以形成研究团队；为了不使学术上的近亲繁殖导致师资队伍学术思想的封闭保守和创新能力的降低，师资队伍建设还要考虑教师的学源，避开教师队伍中的"师徒同堂"问题；随着办学规模的不断扩大，学生学习方面的需求不断增加，传统课程不可能满足所有学生的学习需求，因此，需要不断推出新的课程，在培养师资时，还要考虑教师教学能力的拓展空间。这些因素实际上折射出师资队伍建设中的长效机制，因此，既要具有前瞻性，又要从发展的角度加强大学英语师资队伍建设。

（二）教师的数量和质量的关系

大学英语教师队伍建设必须坚持可持续发展原则。新形势下的大学英语教师，不但要具有较强的教学技能和能力，而且要具有问题意识，要在教学中不断进行反思，进而改进自己下一轮的教学。要做到这一点，就必须把他们从繁重的教学任务中解脱出来，这就涉及教师队伍的数量。可以毫不夸张地说，大学英语教师队伍的数量决定着它的质量。如果一名大学英语教师承担两个班的教学（每个班 40 名学生），那他就具有较大的发展空间，可以在较短时间内提升自己的教学和科研能力，向高质量教师的行列迈进。

（三）教师的稳定与流动的关系

大学英语教师队伍的稳定是相对的，流动是绝对的，具有客观必然性。人才流动符合

科技发展的需要，有利于产生智力"杂交"优势，要确保的是教师的进出大体上保持数量和规模上的平衡。在流动中求得稳定，在稳定的基础上流动。只出不进，造成人才流失；只进不出，或者不进不出，造成人力资源的闲置或浪费，不利于确保师资队伍合理的学源结构，不利于人才的合理配置。

对那些不安心本职工作的教师，尤其是那些把主要精力用于从事兼职工作的教师，要坚决予以淘汰，让他们流动起来，腾出职位，引进忠诚教育事业，全心全意献身于教学和科研的教师。

（四）教师的培养和引进的关系

为了建立一支既有较高教学水平，又有较强科研能力的大学英语教师队伍，在培养现有教师的同时，各校也在大力引进人才，于是就出现了培养与引进之间的矛盾。只重视引进人才，给他们提供住房和科研启动资金，给予××学者的头衔或学科带头人的称号，忽视了对现有教师的培养和提高，这不利于现有教师队伍的稳定。不少教师长期缺少培训和提高的机会，造成知识、技能、方法的老化，这也是教师流失的一个重要原因。

（五）教师发展中的引导与自我规划的关系

以人为本的大学英语师资队伍建设理念，充分尊重每个教师的自我发展规划，但从团队建设出发，需要对他们的自我发展规划进行引导和重组。因为随着时代的发展，新知识的不断涌现，边缘学科越来越多，教师的研究兴趣向多维度发展。过去那种单打独斗式的研究已经过时，代之而起的是合作研究，是团队研究。因此，需要对教师的自我发展加以引导，把研究兴趣接近的教师组合起来，形成团队。引进人才时，要充分考虑他们的研究兴趣与现有教师的研究有无联系。

（六）教师教学与科研的关系

大学英语师资队伍建设应以教学为本，但这并非排斥教师从事科研和教研工作，因为科研和教研可以帮助老师完善知识结构、提高教学技能，使教师向名师或教学大师方向发展。在整个师资队伍建设过程中，教师会逐步往三个方向分流：教学能力强的老师、科研能力强的老师、教学和科研并重的老师。这三类老师是互补的，他们之间的协调发展体现了教学与科研关系的平衡。

（七）教师职责与待遇的关系

教师是决定一个学校的发展水平和人才培养质量的关键因素。为了履行肩负的这一重要职责，教师要不断地提高自己的整体素质和业务水平。但是教师身处社会，抛开他们的职业，他们和身边的任何一个人没有区别，有各种需求，或为了孩子，或为了父母，或为了自己。他们也在寻求工作与需求之间的平衡。因此，要建设好大学英语教学队伍，必须解决好他们的需求，也就是待遇问题。细分起来，包括完善工资福利保障制度，满足物质需要；加强与规范业务培训，优化学历结构，满足发展需要；改善教学、科研条件，提高教学、科研能力，满足创造与成就需要；深化职称改革，满足尊重需要；营造良好的校园氛围，满足归属与爱的需要。

第四节　大数据时代下教师的自身发展

一、大数据时代对大学英语教师发展的挑战

"大数据"是最近几年新兴的一个概念，进入人们的认知领域不久，很多教师并不知道什么是大数据，也不清楚大数据时代会对大学英语教育、教师产生怎样的影响。因此，我国大学英语教师在大数据时代正面临着众多挑战。

（一）大数据技术方面的挑战

进入大数据时代以后，教育不再是以往仅靠经验、理念运作的科学，而转变成一门实证学科。传统教育中，教育决策者、执行者仅靠个人喜好或经验来设计教育环境、布置实验场景、采集管理数据等，但在大数据时代下，这些都必须有一定的数据支撑方能走得更远。如果教师连基本的计算机、互联网和常用软件都不会用，就很难获得足够的教学资源，很难打开视野，提高教学质量。

（二）教师职能转变的挑战

传统的大学英语教学中，教师是课堂的主宰者，教师讲什么，学生就学什么。但在大数据时代，教师必须转变自己的角色和职能，这样才能顺应时代，提高教学质量。

1. 学习资源方面

大数据时代为人们提供了海量的信息，学生要想获取学习资源是一件十分容易的事情，因此，教师不再是拥有资源的权威者或专家。在这种情况下，要想保证教学活动的顺利展开，教师必须从资源提供者转变为资源整合者，要根据学生的个性特点、实际需求，

收集、分析、处理适合学生的学习资源,然后将这些资源提供给学生,指导学生学习。

2. 教学方式方面

在不缺乏学习资源的情况下,学生对英语学习的兴趣和方法是决定学习效果最重要的因素。因此,大数据时代下的英语教师应该从传统的填鸭式教学转变为启发式教学,从学生学习的决定者转变为组织者、引导者、评价者、监督者,要激发学生的学习兴趣和动机,传授学生科学的学习方法和策略,加强学生合作学习、自主学习的意识和能力。要做到这一点,教师自己首先必须树立终身学习的意识,不断更新自身知识。

(三) 学生主体变化带来的挑战

今天,我国的大学英语教育面临两个重要的问题:第一,大学生的英语水平和高中优秀学生的英语水平差别不大;第二,学生的个性化需求越发明显。大数据时代的到来为这些问题的解决提供了条件。利用大数据技术,教师首先要了解学生的个性特征、学习习惯,然后才能够更准确地判断出什么样的学习方式最适合学生,从而有针对性地指导学生的学习。

(四) 教学设计带来的挑战

传统大学英语教学的教学设计是建立在课堂、课本基础之上的统一教学。进入大数据时代以后,由于学习资源的普及,课堂教学必须从单一的知识讲解向特定情景下的语言运用转变,教师必须引导学生结合网络资源、社会现实,通过独立思考、小组讨论等对所学内容有一个更加深入的理解,最终能够利用英语解决实际问题。这就意味着,教师在做教学设计时,必须考虑学生的个体差异,设计出不同的辅导方案,这样才能使每位学生都能学有所得。

(五) 教学评价带来的挑战

以往,英语教学评价的方式主要是作业和考试,评价结果的准确性往往受教师经验和学生发挥效果的影响。大数据时代下,教学评价不能以一次考试"定胜负",而应该走向多元化。教师通过对大量数据的归纳发现教学活动和学生学习的实际状况,分析教与学的得失,从而调整自己的教学,最终提高教与学的质量。

二、大数据时代大学英语教师发展的路径

大数据时代导致学生主体和教学内部变化进一步加重了大学英语教师的负担,只有选

择正确的发展路径，教师才能更好地承担大学英语教育这一工作。

（一）整合英语资源，开展个性化教学

个性化教学是我国大学英语教育未来发展的一个主要方向。具体来说，教师必须深入了解学生的英语基础、学习特点和个性特点，为学生整合资源，有针对性地指导学生学习。这就要求教师必须掌握大数据技术，采用合理的分析方法为学生提供个性化教学，从而使学生对英语学习产生更加浓厚的兴趣，最终提高自身的英语水平。

（二）改进课堂教学，提高应用能力

在大数据时代，不仅学习资源更加丰富，学习途径也更加多元化，学生、家长、社会对大学英语课堂的期望越来越高。对此，大学英语教师应该做到以下几点：

（1）充分掌握学生的相关数据，在数据分析的基础上改进课堂教学模式。

（2）广泛采用交际教学法和任务教学法，加强听、说、读、写、译方面的训练，提高学生的英语应用能力。

（3）坚持以学生为中心，增强学生的主人翁意识，使他们化被动接受为主动学习，全身心地投入到课堂学习中来。

（4）注意学生学习兴趣的培养，充分调动他们的学习积极性。

（5）注意培养学生的英语思维能力和英语文化意识，提高他们的跨文化交际能力。

（三）顺应教改趋势，做好分化转型

不同的学生有着不同的个性、年龄、智力水平、学习潜力等内在特质，这些因素决定了他们的教学内容、教学方法、教学手段等的择取。因此，个性化教学的实施必然要打破以往统一、通用的授课模式，转而走上分化教学的道路，即基础英语（必修课）+英语技能强化课程（选修课）+专门用途英语（选修课）。

（1）基础英语的授课内容与现在通用英语教学相同，不同的是，授课时间大大缩短，只有两个学期左右。当然，这个时间并不固定，每个学校可根据实际的生源状况进行调整。

（2）英语技能强化课程，顾名思义，就是专门针对听、说、读、写、译五项技能的提高开设的课程，目的是重点提高单项技能，学生可根据自己的需求进行选择，建议开设1~2个学期。

（3）专门用途英语是专业领域的英语课程，同时教授专业知识和英语知识，致力于提

高学生用英语学习专业知识、解决专业问题的能力。学生可根据自身需要进行选择，建议开设 1~2 个学期。

以上三种课程的设置也给大学英语教师以明确的提示，作为大学英语教师，他们必须不断提高自身素质，不仅要能上基础英语课，还要能上专门用途英语课，这样才能适应学生多元发展的需要。

（四）参加培训研修，提高教学科研水平

面对大数据时代的挑战，教师必须正视目前存在的种种问题，不断提高自身修养，要多参加专业培训提高专业素养，参加学术会议开阔视野，参加专题研究提高科研能力。另外，还要锻炼自己运用大数据分析和解决问题的能力、开展新型课堂教学的能力，实现综合素质的全面提升，以适应未来大学英语教学改革发展的方向。

网络多媒体环境下的大学英语教学对教师的专业能力提出了更高层次的要求，如何实现教师的专业化发展逐渐受到了教育界的重视。

（五）发展提高模式，提升教师素质

发展提高模式主要研究的是三大模式：专业引领模式、教学实践模式、自导式学习模式。在三大模式的指导下，发展提高模式可以大大提升大学英语教师的素质。

1. 专业引领模式

当前，我国的高校教学改革在如火如荼地进行，先进的理念只有通过研究者与骨干教师等高层次人员的协助与带领，才能促进教师的专业和素质发展。通常情况下，能够起专业引领作用的一般是教育研究的专家、行家、专业研究人员、资深教师。大学英语教师通过向这些人士学习，能够接触英语教学领域先进的经验、技术、思想，从而推动自身的专业化素质发展。具体来说，专业引领模式包括以下内容：

（1）专业引领模式要求将专家、英语教师双方的积极性和能动性发挥出来。引领人员不同，其侧重点也不同。科研专家注重的是教育教学的理论，因此，其引领的是科研理论与实践的紧密结合。英语骨干教师注重的是教育教学的实践，因此，其引领的是教育教学活动的具体实践操作。但是，无论是科研专家，还是骨干教师，他们都需要具备较高的专业引领能力，既能够在理论上给予专门的指导，又能够在具体的教学活动中给予建议，同时还能够给予适当的指导，以行之有效的方法来帮助教师开展具体的教学活动。

对于被引领教师来说，他们应该积极主动地配合科研专家骨干教师的工作，对他们给予的意见和建议应该认真听取，从而对自己的教学活动进行总结和分析，反思自己之前的

教学活动，从而不断提升自身的综合素质。

（2）专业引领模式要求目标明确、内容正确、方法恰当。高校的大学英语教师专业发展的总目标是能够掌握新知识、新信息，并且能够运用这些新知识、新信息来提高专业素质。事实上，大学英语教师存在着个体差异，因此，其在水平上和专业发展方向上也必然不同。因此，在进行专业引领时，应该从不同教师的实际情况出发，制定科学合理的目标，选择针对性强的内容与方法来进行引领，从而实现引领的有效性和合理性。

（3）专业引领要到位，而不越位。专业引领人员的引领对于大学英语教师来说，只是提供了必要的引导和帮助，并不是完全代替教师，因此不能越俎代庖。这是因为，在专业发展的路途中，英语教师是真正的主体，其实践活动与独立思考等不能被专业引领人员代替。因此，在专业引领中，应该让教师自己独立地进行理论研究教育，不断提升不同教师的理论与实践水平。

2. 教学实践模式

在基于网络多媒体的大学英语教师的专业发展中，教学实践是不可或缺的。教师实践模式是将教师的专业发展与平时的授课联系起来。在该模式中，英语教师的发展主要在日常课堂中体现出来，而教师发展的动力也在日常教学实践中。只有通过日常的教学实践，教师和学生才能共同发展。

在教学实践模式的实施中，应该注意把握以下几个方面：

（1）在英语课堂中，教师对教学内容的设计、选择以及教学方法的采用往往会对课堂起直接的影响作用，这不是外在因素能够减弱的，它们决定着学生学业表现的提高。

（2）在英语课堂中，学生是学习者的角色，而教师也是学习者的角色，教师与学生共同参与互动体现了教学效果的核心，因此，应该对二者的共同提高予以关注。

（3）通过课堂教育与发展这一理念，教师应该将课堂场景与社会紧密联系起来，实现英语教学、社会、个人三者相结合。

3. 自导式学习模式

根据建构主义学习理论，学生在进行学习时需要发挥自己的主观能动作用，通过积极主动的学习来获取英语知识。大学英语教学中教师在不断发展和成熟，应该认识到自主学习在学生中的重要意义。因此，基于网络多媒体的大学英语教师还需要引导学生进行自导式学习，培养学生养成自主学习的习惯，促进学生自身的发展。

另外，教师要坚持用发展的眼光来要求自己，不断更新自己的知识储备，将新旧知识结合起来，以更好地推进大学英语教学工作。

在网络多媒体环境下，大学英语教师应该转变教学理念，不断了解和探索教学方法，认识到语言的掌握依赖于在活动中语言的使用，而不是单纯训练语言技能和学习语言知识，只有将各种教学方法有效地运用到教学中，才能真正提高教学效果并促进教师本人的发展。

参考文献

[1] 王静. 大学英语教育与课程体系建设研究［M］. 天津：天津科学技术出版社，2022.

[2] 金国臣，许元娜，惠莉君. 现代大学英语教学新论［M］. 北京：石油工业出版社，2022.

[3] 王琳. 英语思维与英语教学研究［M］. 沈阳：东北大学出版社，2022.

[4] 成畅. 大学英语教学与课程建设新探索［M］. 长春：吉林人民出版社，2021.

[5] 胡英歌. 大学英语阅读教学课程建设与创新［M］. 北京：中国纺织出版社，2021.

[6] 王歆. 大学专门用途英语课程教学设计研究［M］. 北京：北京工业大学出版社，2021.

[7] 马武林，蒋艳. 大学英语慕课建设及应用研究［M］. 北京：外语教学与研究出版社，2021.

[8] 周保群. 大学英语教学模式与课程建设研究［M］. 重庆：重庆大学出版社，2020.

[9] 赵长林，王桂清，李友雨. 大学课程与教学研究［M］. 北京：北京理工大学出版社，2020.

[10] 刘广宇，王运华. 英语课程体系构建与教学改革研究［M］. 长春：吉林人民出版社，2020.

[11] 魏微. 大学英语教学基础理论与实践研究［M］. 长春：吉林人民出版社，2020.

[12] 胡宇涵. 大学英语教学及其媒体融合视角探索［M］. 长春：吉林人民出版社，2020.

[13] 赵常花. 媒体融合视角下的大学英语教学理论与实践研究［M］. 北京：企业管理出版社，2020.

[14] 何冰，陈雪莲，王慧娟. 语言学应用与英语课堂教学研究［M］. 郑州：黄河水利出版社，2020.

[15] 李清. 高校英语跨文化教学研究［M］. 长春：吉林人民出版社，2020.

[16] 王九程. 信息化时代高职英语教学研究［M］. 长春：吉林人民出版社，2020.

[17] 李琴. 大学英语教学模式与课程建设研究［M］. 北京：中国纺织出版社，2019.

[18] 丁睿. 大学英语教学发展研究［M］. 长春：吉林人民出版社，2019.

[19] 王岚，王洋. 英语教学与英语思维［M］. 长春：吉林人民出版社，2019.

[20] 谢小苑. 大学英语新课程体系探索［M］. 北京：光明日报出版社，2019.

[21] 刘蕊. 大学英语教学的发展思考与创新［M］. 北京：九州出版社，2019.

[22] 张铭. 当代大学英语教学理论与研究［M］. 北京：九州出版社，2019.

[23] 郭江虹. 大学英语的多维教学理论研究［M］. 长春：吉林大学出版社，2019.

[24] 于导华. 高校全英文教学与课程建设研究［M］. 北京：北京理工大学出版社，2019.

[25] 何树勋. 跨文化交际下的大学英语教学改革模式研究［M］. 成都：四川大学出版社，2019.

[26] 魏雪超. 文化融合思维与英语教学研究［M］. 北京：中国商务出版社，2019.

[27] 王磊. 大学英语课程建设与教学模式研究［M］. 长春：吉林人民出版社，2018.

[28] 潘贵渝. 大学英语课程体系建设与教学改革［M］. 长春：吉林人民出版社，2018.

[29] 柯宁立. 大学英语教学分析研究［M］. 天津：天津科技翻译出版公司，2018

[30] 薛燕. 基于教学改革的大学英语教学实践［M］. 延吉：延边大学出版社，2018.

[31] 李国金. 大学英语教学基础理论及改革探索［M］. 北京：北京理工大学出版社，2018.

[32] 郑侠，李京函，李恩. 多元文化视角下的大学英语教学研究［M］. 北京：知识产权出版社，2018.